LA SCUOLA A MODO MIO!

**PER
ESISTERE,
COMUNICARE,
ESPRIMERE,
SCOPRIRE,
INVENTARE,**

MA SOPRATTUTTO...

PER VIVERSI!

*Dedicato a tutti gli alunni che ho incontrato fino a qui,
ma in particolare ai miei fantastici "20ragazzi20",
che mi hanno fatto sentire, ogni giorno,
più innamorata del mio lavoro.*

Maestra Paola

FILASTROCCA DELLE MAESTRE

di Bruno Tognolini

Maestra, insegnami il fiore ed il frutto
Col tempo, ti insegnerò tutto
Insegnami fino al profondo dei mari
Ti insegno fin dove tu impari
Insegnami il cielo, più su che si può
Ti insegno fin dove io so
E dove non sai? – Da lì andiamo insieme
Maestra e scolaro, un albero e un seme
Insegno ed imparo, insieme perché
Io insegno se imparo con te.

(Da "FILASTROCCHE DELLA MELEVISIONE", Gallucci 2010)

SOMMARIO

LA SCUOLA A MODO MIO!

PREMESSA

Sono un'insegnante di Scuola Primaria e quest'oggi ho deciso di concretizzare un desiderio che da tempo mi frulla per la testa.

Ovviamente, come tutte le cose, anche questa mia idea ha avuto un inizio.

Quando?

Quando ho cominciato a rendermi conto che molte delle proposte che realizzavo all'interno del mio mondo speciale che era la scuola, erano frutto sempre e comunque di un'azione che molto spesso prendeva forma e si trasformava in attività grazie agli stimoli che mi derivavano quotidianamente dai bambini.

Non erano necessariamente sempre situazioni positive o felici; talvolta erano stati di disagio e/o di sofferenza che riuscivo a cogliere anche solo semplicemente osservando lo sguardo di un bambino.

Allora mi sono decisa a provare a raccogliere, attraverso questo mio breve prodotto, alcune delle proposte che sono nate e che ho sperimentato ogni giorno come modalità di lavoro che, nella loro semplicità, hanno radicalmente cambiato il mio modo di insegnare ma soprattutto hanno contribuito a farmi trovare elementi di ancoraggio nella crescita degli alunni.

No, non è un eufemismo: parlo proprio di ancoraggio, visto nel pieno senso della possibilità di riuscire a far scoprire ad ogni bambino lo strumento, a mio avviso, per eccellenza, utile per tentare di percepirsi parte attiva, potenzialmente capace ed abile nel far sentire la propria voce: la *comunicazione*.

Perchè dico questo?

Perchè uno dei problemi della scuola di oggi è, a mio avviso, proprio la difficoltà che purtroppo la categoria dei docenti non riesce ancora a scrollarsi di dosso che deriva dal voler essere troppo attenti a ciò che *"deve essere fatto"* a scapito di ciò che invece *"dovrebbe essere fatto"* e chi ci rimette in questo frangente è proprio la capacità/volontà di comunicare con gli altri ma soprattutto la capacità/volontà di ascoltare gli altri.

Preferisco fare un distinguo rispetto ai due precedenti tempi verbali citati, sottolineando che io, nella mia *"politica"* di insegnante, ho sempre tentato di optare per la seconda possibilità, anche sapendo di dovermi molto spesso inoltrare in meandri di percorsi assai articolati, impervi e complessi proprio perchè *"diversi"*.

Sappiamo che troppo spesso è proprio la resistenza che la fa da padrone rispetto alle difficoltà che derivano dal riuscire a mettersi in gioco, dal provare a osservare con occhi nuovi una situazione di per sé stagnante e ripetitiva ma, proprio per questo, più rassicurante.

Sì, perchè per chi la pensa così, vale il proverbio *"Mai lasciare la strada vecchia per la nuova"*....mentre per me meglio calzerebbe la stessa frase semplicemente trasformandola in domanda e cioè...*"Perchè non lasciare la strada vecchia per provarne in parte una nuova?"*

Mi sono allora spesso scontrata con la necessità di fare delle scelte, dovendomi talvolta chiedere se fosse migliore continuare ad approfondire una determinata attività che come insegnante mi ero prefissata come necessaria in quello specifico momento dell'anno scolastico (come si sa, il tempo a scuola non basta mai per fare tutto...) o se invece diventasse prioritario pormi con occhio attento ma, soprattutto, con volontà di *ascolto*, nei confronti di stimolazioni che mi arrivavano dai bambini.

Non è stata cosa semplice per me affrontare lo sconvolgimento copernicano che è derivato nel momento in cui, ad un certo punto della mia carriera, ho deciso di *"fare violenza"* su me stessa e di spingermi a *"rovesciare"* la classica visuale di insegnamento.

Forse ciò è stato supportato fondamentalmente da una mia personale convinzione: ho sempre pensato e saputo, infatti, che avevo deciso di intraprendere questa carriera per me così importante, soprattutto perchè da bambina avevo vissuto un'esperienza scolastica del tutto negativa.

A prima vista questa motivazione potrebbe sembrare strana, ma in realtà così tanto non lo è, in quanto è stata proprio questa negatività che mi ha spinta a pensare che proprio quel modo di rapportarsi con i bambini era del tutto sbagliato e che...io non avrei mai agito così!

Se, allora, nei primi anni della mia carriera avrò sicuramente replicato, magari inconsapevolmente, anche alcuni atteggiamenti e metodologie che probabilmente erano lo specchio di ciò che io avevo vissuto sulla mia pelle di scolara, successivamente la mia nuova *"voce di pancia"* mi ha spinta ad andare oltre alle normali metodologie per crearne alcune che mi permettessero di vivere un ambiente di scuola più ad *"altezza dello sguardo dei bambini"*.

USO DELLA CASSETTA DELLA POSTA

Di per sé, questo strumento potrebbe sembrare banale, quasi superato, soggetto a commenti del tipo: *"Ma io l'ho sempre fatto!"*, ed in parte è proprio così.

Ciò, però, che mi ha spinta a rivalutare questo mezzo è stato proprio lo scopo insito in se stesso che mi sono prefissata nell'utilizzarlo, che alla fine è unico per tutte le classi in cui lo impiego, ma che diventa poi personalizzato a seconda delle esigenze di quella determinata realtà di alunni.

Io ho iniziato l'esperienza ormai diversi anni fa e quello che mi convince a continuare ad usare questo strumento di lavoro è sentire che, a distanza di molti anni, i ragazzi che incontro e che ho avuto come studenti, tra le numerose cose fatte assieme, ricordano ancora oggi proprio il famoso momento dell'apertura della cassetta della posta.

Come si usa, allora?

Innanzitutto, basta procurarsi una semplice scatola con le facce maggiori della misura di circa cm 50 x 30, sulla quale predisporre una fessura in alto attraverso la quale poter inserire ciò che si desidera, e una porticina di fronte, chiusa semplicemente con un nastrino colorato, che diventa poi la porta dalla quale viene estratta la "posta" settimanalmente.

Questa scatola, così trasformata, deve poi essere rivestita accuratamente con un normale foglio di carta e corredata di un filo sufficientemente lungo per poterla appendere da qualche parte, ad altezza bambino.

La cassetta deve essere predisposta dall'insegnante prima dell'inizio della scuola (potendolo fare, fin dalla classe prima Primaria) e deve essere inserita tra gli arredi dell'aula che i bambini trovano ad inizio anno scolastico. Deve essere posta in un angolo di una parete in modo che ogni bambino la possa vedere ma, alla cassetta, non deve essere dato risalto dall'insegnante per nessun motivo.

Perchè questo?

Perchè dovrà essere lo stimolo che viene da qualche bambino a farci ragionare insieme sull'utilità di questo strano strumento.

Fino a che, infatti, non scatta la curiosità del perchè ci sia quella scatola così singolare appesa alla parete e fatta in quel modo da parte di qualcuno che spontaneamente chiede: *"Maestra, ma che cos'è quella? A che cosa serve?..."*, non è assolutamente il caso di affrontare la questione.

Ho avuto esperienze varie sui tempi "di attesa" rispetto a questa motivazione scatenante provocata dai bambini, ma in linea di massima nel giro di un paio di mesi finalmente la fatidica domanda arriva.

A quel punto, allora, i giochi iniziano a farsi interessanti in quanto, dopo aver visionato insieme come è fatta la scatola (senza preoccuparsi, per ora, del suo uso, ma semplicemente tenendo conto che è parte integrante del nostro spazio a scuola), si decide di abbellirla come si ritiene meglio: con piccoli disegni, qualche cartolina o immagine ritagliata, qualche lettera dell'alfabeto...per i bambini il problema non sussiste!

L'importante è che, però, tutti possano esprimere la propria opinione rispetto a quanto il gruppo poi andrà a fare.

Deciso che cosa si vuole predisporre con l'obiettivo di rendere più colorata e vivace la nostra scatola (volutamente, la carta che la avvolge è di norma di colore neutro, in modo tale che siano poi i lavori e/o i disegni dei bambini a richiamare l'attenzione di chi entra in classe), il passo successivo sarà di decidere in che modo organizzarsi per poter fare la nostra parte.

Ecco allora che si iniziano a stabilire già le prime regole di gruppo che possano dare l'opportunità a tutti di assumere un incarico specifico: chi disegna, chi ritaglia, chi ricerca dal giornale, chi colora, chi decide dove e come sistemare le varie immagini, chi incolla e così via.

Una volta abbellita e personalizzata la misteriosa cassetta di classe, ci si ritrova a dover stabilire delle regole per l'uso della stessa.

In cerchio, perciò, ora i bambini possono iniziare a portare le proprie idee rispetto a ciò che si dovrà fare attraverso l'impiego di quell'oggetto.

Ovviamente le stimolazioni potranno essere le più disparate: ne elenco qualcuna solo per rendere l'idea - *una scatola cassaforte – un portapennarelli – un contenitore per CD...* . Si raccolgono le varie interpretazioni rispetto agli usi della scatola e si trascrivono alla lavagna, come sorta di brainstorming.

Tutte le proposte suggerite si elencano una per volta alla lavagna, facendo vedere che, per ognuna, ci può essere qualche attinenza con lo strumento ma si fa anche comprendere in modo molto oggettivo come, in fondo, quelle idee interessanti potrebbero essere sostituite da strumentazioni che già ci sono in classe: ad esempio, la scatola cassaforte viene sostituita dall'armadio con la chiave; la scatola portapennarelli viene facilmente sostituita dagli appositi contenitori ben più pratici; la scatola contenitore per CD viene rimpiazzata dalla colonna porta CD che sta nell'angolo dell'aula.

Ciò che è importante è far comprendere che le varie proposte sono esatte ma non necessarie in quel momento.

Allora, a che cosa potrà servire la cassetta?

Per aiutare gli alunni a cogliere il vero scopo dello strumento che li sta facendo tanto incuriosire, la maestra, il giorno successivo, nel momento del cerchio e del braistorming, senza farsi notare da nessuno, inserisce all'interno della scatola un piccolo messaggio per ognuno (in classe prima, già alla fine di novembre i bambini riescono a decifrare qualche piccola frase...), inviato da un magico amico passato per di là.

Una volta tutti insieme, sempre seduti in cerchio, l'insegnante prende la scatola e, avvalendosi anche di una giusta musica di sottofondo, enfatizzando un po' la cosa facendo sentire che la cassetta contiene ora qualche cosa, inizia lentamente ad aprire la porticina, infila la mano e ...manifesta lei stessa una grande sorpresa.

Mentre estrae il plico di messaggi, predisposti su fogliettini colorati uno diverso dall'altro, l'insegnante comincia a rendere ancor più magico quel momento aprendone uno per volta, leggendo che cosa contiene e dandolo direttamente al bambino interessato che, a quel punto, può avvicinarsi e vedere insieme a lei che cosa ha scritto quel nuovo amico.

Al termine di questo primo fondamentale approccio, ogni alunno comincerà a comprendere che lo scopo della cassetta sarà **comunicare con qualcuno,** in questo caso con il nuovo magico amico, ma comunque sarà un modo per far sentire la propria voce.

E' naturale capire come il gioco dell' *"amico misterioso"* valga principalmente se la cosa si coltiva con i bambini piccoli e si protrarrà solo il tempo che sarà necessario.

Iniziando, invece, con alunni un po' più grandi, si può subito sfruttare l'opportunità della scatola come mezzo per trasmettere qualche messaggio tra compagni o tra alunni ed insegnante.

L'avvio dato dalla maestra (un messaggio personalizzato per ogni bambino), manifesta sempre grande interesse e attesa: l'importante è che con quel messaggio si vada a richiamare qualche caratteristica della personalità di ogni allievo in modo che realmente ognuno capisca di essere *"unico"* in quell'aspetto.

Gradualmente, si dovrà fare in modo che ogni bambino riconosca l'impiego della cassetta, che sarà aperta settimanalmente solo dall'insegnante, come il canale attraverso il quale potrà esprimersi liberamente con gli amici del cuore, con tutta la classe o con la maestra.

I messaggi, quindi, potranno assumere la caratteristica di *messaggi pubblici* (per tutta la classe) o *privati (*solo per l'insegnante o, nello specifico, solo per quell'amico/a) e saranno consegnati esclusivamente dalla maestra.

In particolare, è interessante sottolineare come, nel tempo, l'impiego costante di questo canale permetta che gli alunni, in situazione di difficoltà o in momenti in cui sentono il bisogno di essere ascoltati, comprendano che possono far sentire la propria voce in *privato* con l'insegnante.

Nella mia esperienza, è capitato talvolta che, di situazioni delicate o di disagi vissuti dai bambini, venissi a conoscenza proprio attraverso questo canale, che ha favorito quindi che un bambino avesse la possibilità di trovare realmente qualcuno che lo potesse accogliere ed ascoltare.

Interessante è stato, però, notare che, talvolta, per determinate problematiche, l'interessato chiedesse consiglio non solo all'insegnante ma anche ai compagni, questo a conferma che il senso del valore del gruppo si stava sempre più definendo.

Da non dimenticare, però, che è fondamentale che l'insegnante, nella fase in cui riceve della posta *privata,* faccia il gesto, molto incisivo, di portare subito lo scritto in un luogo sicuro (in tasca, nella borsa...), senza aprire assolutamente in quel momento il messaggio, a dimostrazione per chi ha scritto che la cosa sarà presa seriamente.

Affermo questo perchè mi è capitato, una volta, che una bambina avesse interpretato un mio gesto non *"routinario"* (inserire il messaggio in quel determinato luogo sicuro, che dava sicurezza che la maestra lo avrebbe letto individualmente), come una sorta di "tradimento", in quanto quella bambina temeva che ciò che aveva scritto, potesse andare in mani non corrette.

Fortunatamente, sono venuta a conoscenza della cosa dalla madre, con la quale la bambina si era confidata, ed ho potuto, perciò, poi, recuperare quel rapporto di fiducia che si stava instaurando e che è stato così importante per L., la bambina di allora, che lei ancora oggi, ormai adulta, lo ricorda come uno dei momenti più importanti a scuola.

Le problematiche che sono emerse, attraverso questo canale, sono state le più disparate: dalle banali ma sempre gettonate "baruffe" tra compagni per i motivi più differenti, a messaggi del tipo: *"Maestra, ho bisogno di dirti una cosa da sola: mi aiuti?"*, oppure : *"Maestra, ho un problema con....: mi dai un consiglio per risolverlo?"*.

Quando attraverso questo filo di comunicazione ho avuto consapevolezza di aver contribuito a rendere più sereno un bambino, mi sono sentita un'insegnante davvero appagata,...e questa sensazione ho avuto modo di provarla spesso.

Ciò che è importante, è che l'impiego di questo strumento sia davvero parte integrante del nostro fare scuola e non solo uno spot "una tantum", che si fa solo quando avanza del tempo.

Deve essere ritagliato un momento personalizzato per quest'attività così significativa, almeno una volta alla settimana, deve avere delle fasi di sviluppo ben condivise (seduti in cerchio, in un angolo dell'aula predisposto appositamente per questo, con cuscini e cartellone sul quale appendere subito i messaggi visibili a tutti e rivolti alla classe), deve avere la durata di almeno 30 minuti, può essere accompagnato da un altro momento importante come la lettura di una storia da parte dell'insegnante.

Nel momento in cui l'insegnante ricevesse della posta privata, dovrà leggerla a casa e ricordarsi, il giorno successivo, di chiamare il bambino interessato e dirgli: *"Ho letto il tuo messaggio: vuoi che ne parliamo a quattr'occhi o desideri che anche i tuoi compagni ti diano dei consigli?".* In base alla risposta, si potrà agire non appena possibile (è bene ricordare, però, che i tempi di attesa per i bambini sono tendenzialmente brevi, soprattutto se vivono quella situazione personale come un disagio, quindi...prima si risolve e meglio si sentiranno!).

Ciò che rende così speciale questa attività apparentemente così semplice, è che in realtà, al suo interno, se correttamente utilizzata, vi è racchiuso l'impiego di singolari abilità e conoscenze che poi, negli anni, si ritrovano sempre più strettamente correlate alle competenze per la vita, in particolare alle competenze da far maturare per favorire lo sviluppo del vero significato del concetto di Cittadinanza attiva.

Il momento magico dell'apertura della cassetta della posta:

questi sono alunni ormai di classe quarta,

ma l'esperienza è partita dalla prima...

AULA COME AMBIENTE CARATTERIZZATO DA PIU' SPAZI

Ponendoci come insegnanti nell'ottica dei bambini che si accingono ad intraprendere una delle più significative esperienze della loro vita e che quindi cercando di osservare il nuovo ambiente dove essi dovranno soggiornare per molte ore del giorno, grande attenzione dovrà essere posta all'organizzazione del setting fin da subito.

Non ci si riferisce esclusivamente al fatto che vi possano essere dei banchi disposti in un modo piuttosto che in un altro (a ferro di cavallo, in cerchio, a gruppi di quattro...) o che semplicemente l'ambiente venga reso accattivante da cartelloni o accessori colorati, bensì che siano idealmente individuati degli angoli nell'aula dove, quando possibile, si possa esercitare l'attività che può essere più consona ad ognuno dei bambini in quel determinato momento.

Cercando, quindi, di individuare quali siano prevalentemente gli interessi attribuibili a quel gruppo classe (i primi giorni di scuola sono assai utili per poter prendere ulteriore consapevolezza di quali possano essere le esigenze degli alunni con i quali ci confrontiamo), una volta formate definitivamente le classi, è utile predisporre su alcuni gruppi di banchi strategicamente posti in spazi adeguati (possibilmente a gruppi di 3/4), alcuni oggetti e/o materiali vari che possano richiamare alcune attività che siano state richieste e scelte dai bambini come le più interessanti.

Ecco, allora, che può nascere lo spazio per il *disegno,* dove si possono trovare fogli, colori, stampini; lo spazio della *lettura,* dove ci siano libretti, fumetti, giornalini, figurine; lo spazio della *musica* e dell'*ascolto,* dove sia messo a disposizione un lettore CD con strumenti di musica o di audio-storie; lo spazio della *fantasia,* dove si possano trovare materiali di vario genere per poter tagliare, incollare, costruire manufatti vari, arricchendoli con oggetti di scarto come bottoni, asole, stoffe; lo spazio dei *giochi da tavolo,* con la scelta di giochi come carte, scacchi, domino.

Questi sono solo degli esempi su come poter gestire lo spazio-aula a dimensione bambino.

Perchè?, mi si chiederà.

Proviamo a rifletterci...

E' risaputo come sia strategicamente utile far sì che il singolo bambino ritrovi subito la propria dimensione nell'ambiente che lo accoglierà per così tanto tempo al giorno.

E' altrettanto scontato, inoltre, comprendere che ciò sarà possibile solamente se, anche se in modo del tutto strutturato, si tenterà non solo di creare questi spazi ma si cercherà soprattutto di farli vivere in un tempo *"contrattato"* con i bambini fin dall'inizio, e questo per ovvi motivi, visto che le cose da fare sono sempre moltissime!

Non appena, quindi, si percepisce che questi *"momenti liberi"* sono considerati preziosi per la classe, è necessario che gradualmente venga stabilito un *"tempo"* adatto per poter usufruire degli stessi.

Questa contrattazione, che dovrà essere sempre rispettata, farà aumentare di valore a questi momenti creativi e permetterà ad ogni bambino di sviluppare la sua capacità di impegno e volontà nel fare il suo lavoro proprio perchè l'obiettivo da raggiungere sarà poter godere di questi momenti di libertà totale.

Il tempo da dedicare a queste attività può avere durate diverse e può trovare occasioni differenti nell'arco della giornata e/o settimana: ciò potrà dipendere da molti fattori.

Nel mio caso, trovavo molto efficace stabilire una giornata fissa alla settimana dedicata agli *"spazi"* (così avevano coniato questo piacevole intermezzo i bambini) in cui organizzavo circa 30 minuti di attività libere.

Il momento poteva verificarsi all'inizio della giornata o alla fine: la situazione variava a seconda, ad esempio, delle attività che venivano concordate per quella mattinata ma, ciò che era molto importante, è che di questo si decidesse insieme.

Se diversamente l'organizzazione era per necessità stabilita solo dall'insegnante (poteva capitare, ad esempio, che per quella giornata venisse fissata un'attività particolarmente impegnativa, perciò si preferiva rimandare al termine della mattinata quel momento così rilassante), di ciò venivano sempre messi al corrente i bambini, considerando che, crescendo, potessero trovare anche da soli, con responsbilità, la motivazione adeguata per svolgere al meglio tutte le attività, dando loro la giusta priorità.

Ma per favorire e stimolare adeguatamente questa importante fase di consapevolezza, come si vedrà in seguito, sarà fondamentale abituare i bambini ad organizzare la propria giornata di lavoro attraverso la stesura de **I punti del giorno.**

I PUNTI DEL GIORNO

Attraverso la modalità di lavoro che veda protagonisti i nostri allievi, è di fondamentale importanza far sì che quanto si andrà ad affrontare durante la giornata in classe venga percepito sempre come un'occasione per co-costruire insieme il personale percorso di crescita.

Affinchè questo concetto basilare sia vissuto come reale e soprattutto compreso, è utile però che l'insegnante predisponga quanto prima l'elemento base per poter far maturare nei bambini, anche molto piccoli, la consapevolezza che stare bene insieme agli altri comporta, talvolta, anche seguire delle norme che saranno comprese sole se vissute e condivise.

Non ci si riferisce, in questo caso, esclusivamente allo stimolare il rispetto delle classiche regole di comportamento, bensì all'avvio di una semplice pratica che, nonostante apparentemente poco incisiva, permette invece l'implementazione dell'auto-consapevolezza che un obiettivo si potrà raggiungere solo se alcune norme verranno rispettate.

Di cosa parliamo, allora?

Della sana abitudine di condividere con gli alunni, quotidianamente, le cose che si andranno ad affrontare e di renderle pubbliche trascrivendole alla lavagna, secondo quello che gli adulti chiamano *ordine del giorno* e che semplicemente i bambini preferiscono definire *angolo dei punti del giorno*.

Questa procedura organizzativa, che accompagna di norma sempre l'impiego di incarichi prestabiliti, distribuiti ogni 15 giorni tra gli alunni, tra i quali anche quello dei collaboratori cui è affidato questo compito quotidianamente, viene sollecitata dai bambini e posta in atto grazie prima di tutto alla partecipazione della classe.

E' proprio la classe, infatti, che richiede la stesura dell'o.d.g. degli impegni, ricordando prima di tutto ciò che richiama l'orario scolastico, cioè le discipline di quella giornata.

Vengono, però, ricordate anche quelle cose che, per una serie di motivazioni, quali ad esempio alunni assenti, tempo non sufficiente, attività diversa scelta perchè utile in quel determinato momento, non sono state terminate il giorno precedente e che è necessario riprendere e completare.

Oltre a ciò, sempre i collaboratori ma anche gli altri alunni, all'atto della definizione dei punti da affrontare nella giornata, potrebbero chiedere all'insegnante se ..."*Maestra, riusciamo anche a fare....?*" , magari proprio quell'attività che potrebbe risultare molto attesa da parte loro.

Ovvio che la risposta dell'insegnante deve essere sempre molto oggettiva e le eventuali variazioni presentate agli alunni, andranno sempre motivate ma soprattutto condivise.

I punti del giorno, poi, a mano a mano che le cose vengono fatte e terminate, vanno cancellati sempre dai responsabili, come promemoria di ciò che manca e di ciò che si deve ancora ultimare.

Ci si può chiedere, allora, guardando l'orologio (elemento assolutamente indispensabile in classe fin dalla prima!), se il tempo che rimane sarà sufficiente per poter terminare il programma degli interventi.

Sembra una banalità, ma abituare i ragazzi a responsabilizzarsi anche sotto questo punto di vista, risulterà nel tempo un elemento dal quale deriveranno tante altre abilità e competenze che torneranno utili ed indispensabili nel prosieguo degli studi di ognuno.

Abituare, infatti, fin da piccoli, i bambini a rapportarsi con il concetto di tempo che, se mal gestito, non permette di fare molte delle cose che piacciono e che fanno stare bene, sarà fondamentale per far sì che poi, crescendo, chi necessita di tempi troppo lunghi per svolgere qualsiasi attività (talvolta, come si sa, anche la troppa precisione *maniacale* non va bene...), un po' alla volta venga guidato ad un miglioramento del proprio atteggiamento, portandolo ad apprezzare la positività di scelte organizzative sempre più efficaci.

Gli incaricati predispongono l'o.d.g. alla lavagna,

nell'angolo dei punti...

INTERMEZZO 1

Una filastrocca assai particolare...

"I FAMOSI DELLA SECONDA A"

VOLETE VEDERE DEI CAVALIERI DANZARE?

ECCOCI QUI, SIAMO PRONTI A GIOCARE!

IN TUTTO SIAM VENTI,

SEMPRE PRONTI E ATTENTI!

CHI SIAMO? MA COME!! ANCORA NON SI SA?

MA SIAMO I FAMOSI DELLA **SECONDA A!**

C'E' **FEDERICO**, PROVETTO PITTORE

CHE CON **TOMMASO**, GRANDE SCRITTORE

SA DISEGNARE E RACCONTARE

GRANDI MAGIE DA INVIDIARE!

TOMMASO B., SEMPRE IMPEGNATO

CON L'ALTRO **TOMMASO** IMPARA AD ESSER SCIENZIATO

MENTRE **GIOVANNI**, L'EPLORATORE,

FA MILLE PAZZIE CON **DIEGO** COLLABORATORE!

ECCO **ANGELICA**, BRAVA LETTRICE

CHE SI DIVERTE CON **MATILDE** NARRATRICE

MENTRE **ELIA,** ORA CANTANTE,

CI FA SCOLTARE LA SUA VOCE SQUILLANTE!

FILIPPO, IL BIONDO AGENTE SEGRETO,

COLLABORA SPESSO CON **ELTION** POLIZIOTTO

E INSIEME A **GIACOMO**, IL POLIGLOTTA,

A VOLTE SI SCONTRANO E …SI DANNO QUALCHE BOTTA!

MA PER FORTUNA ARRIVA **MATTEO**

CHE QUALCHE VOLTA SA FARE MARAMEO

PERCHE', DA BRAVO CONSIGLIERE COM'E',

TROVA LA PACE ANCHE QUANDO NON C'E'!

SE UN LAVORO SI INIZIA PER TEMPO

ECCO CHE ARRIVA, TUTTA IN UN LAMPO,

L'AMICA **SONIA,** FINISCITUTTO,

CHE VELOCEMENTE RISOLVE TUTTO!

E SE LA MAESTRA E' UN POCO STANCA

NIENTE PAURA,… L'AIUTO NON MANCA!

NON APPENA RICHIESTO, **DESIRE'** INTERVIENE

PERCHE' UNA VICE MAESTRA DAVVERO CONVIENE!

MA INSIEME A LEI, SUBITO SCATTANTE,

ECCO CHE GIUNGE MAESTRA **GRETA** ESULTANTE!!

CON GRANDE FERMENTO E UN PO' DI PAZZIA,

TUTTA LA CLASSE RIPRENDE IL VIA.

ARRIVA PERO' **ELENA**, LA RIFLESSIVA,

CHE RICHIAMA TUTTI A UN'IMPORTANTE MISSIVA:

"DOBBIAMO CERCARE DI LAVORARE PER BENE

ALTRIMENTI RISCHIAMO DI PERDER LA RICREAZIONE!"

A QUESTO RICHIAMO, **LEONARDO** ESPLORATORE,

SUBITO SI ACCORGE CHE **IVAN** L' IDEATORE

HA TROVATO UN SISTEMA DEL TUTTO SPECIALE

PER CALCOLARE VELOCE, COME… UNA NAVICELLA SPAZIALE!

MA PER COMPRENDERE MEGLIO LA QUESTIONE

SUBITO BISOGNA APRIRE UNA DISCUSSIONE:

INTERVIENE ALLORA IL DETECTIVE **ANDREA**

E SOMMERGE I COMPAGNI COME FOSSE UNA MAREA:

PARLA, RACCONTA, SPIEGA , ILLUSTRA,...

E RIPORTA TUTTI SULLA STRADA GIUSTA!

CHE DITE? .....SIAM TANTI?

LO ABBIAM DETTO: SIAMO VENTI!!

CREDETECI, PERO', SE VI DICIAMO:

E' BELLO ESSER TANTI!! E' COSI' CHE IMPARIAMO!!

IL NOSTRO MAGICO CARTELLONE DELLE CROCETTE

Sempre a completamento del percorso di crescita stimolato dall'insegnante che crede nell'obiettivo di doversi *"...abbassare all'altezza dei bambini"* per meglio comprendere le vere motivazioni che spesso fanno muovere il loro essere persone, nasce l'attività legata al *cartellone delle crocette.*

Chi ha avuto la pazienza di leggermi fino a questo punto, avrà compreso come le proposte che vengono qui elencate non richiedono chissà quali impegni organizzativi ma ciò di cui l'insegnante non dovrà mai essere privo sono la coerenza e la costanza nel mantenere gli impegni condivisi e riconosciuti da tutti.

Il cartellone delle crocette, quindi, che deve essere utilizzato fin dai primi giorni della classe prima Primaria, inizialmente, per ovvi motivi, viene strutturato dall'insegnante su un grande foglio, dove semplicemente balzano all'occhio i nomi degli alunni della classe inseriti in una tabella con uno spazio vuoto a fianco, dove si dovrà in seguito aggiungere qualche cosa.

Il cartellone, affisso ad una parete ad altezza dei bambini, inizialmente sarà privo di titolo, questo per poter dare modo agli stessi, una volta compreso lo scopo di questo lavoro, di attribuirgliene uno scelto da loro.

Finora i più gettonati sono stati: *Come siamo bravi! - Le nostre bravure! - Il cartellone delle crocette! - ...*

Ma a che cosa serve, allora, questo cartellone?

Questo foglio bianco, apparentemente così senza valore, al suo interno conterrà molte occasioni di rivincita, conferma, messa in gioco, creatività, riflessione, autostima, responsabilità, e questo sarà visibile a tutti, attraverso un semplice segno.

Di norma i bambini scelgono le crocette, ma potrebbero essere anche palline o altri simboli che possono essere individuati e riconosciuti da ognuno di loro.

Prima di tutto bisognerà far comprendere che questo cartellone dovrà contenere solamente le cose belle, importanti, nuove, stimolanti, creative, di responsabilità, che ogni bambino potrebbe dimostrare in qualsiasi momento e che l'insegnante, saggiamente, metterebbe subito in rusalto.

Se, ad esempio, durante una conversazione, qualcuno esprime un proprio pensiero che viene considerato molto ponderato in quel momento, o particolarmente intuitivo rispetto ad un problema analizzato, o ancora molto proiettato nello spingersi *"oltre alle parole"* dell'autore che si sta leggendo, sviluppando quindi il campo di analisi mediante l'utilizzo della capacità inferenziale, l'insegnante lo potrebbe far presente ed affermare: *"Questo intervento merita proprio una crocetta perchè....."* e il bambino interessato, a questo punto, raggiunge il cartellone ed, orgogliosamente, si inserirsce questo importante riconoscimento.

Nel tempo, questo cartellone diventa allora anche la valorizzazione per i bambini che tengono in ordine il proprio banco, sanno stare in fila senza prevaricare nessuno, in mensa si sanno comportare in maniera adeguata senza che l'insegnante li richiami, si ricordano di portare gli avvisi firmati fin da subito, sanno aspettare e dare una mano ai compagni che ne hanno più bisogno, portano idee nuove in classe, si impegnano a mantenere pulito il cortile...e se qualche volta vi è qualche dimenticanza dei compiti, questo cartellone diventa un modo per rifletterci perchè, in questo caso, si rischia di perdere qualche crocetta.

A termine del quadrimestre, si fa la conta dei riconoscimenti ed ai primi 3 classificati, viene dato l'onore di spiegare ai compagni come hanno fatto a raggiungere così tante crocette, tanto da meritarsi la soddisfazione di essere arrivati a quel punto.

E questo sarà l'unico premio.

Potrà sembrare poca cosa ma...provare per credere: ai bambini basta e avanza!

Ciò che è fondamentale è che tutti gli insegnanti che operano in quella classe sappiano approfittare di questo strumento in maniera coerente e condivisa, senza inviare messaggi discordanti agli alunni ma soprattutto senza pensare di utilizzare questo strumento in maniera poco efficace, magari togliendo troppe crocette a chi disturba in quel momento.

Deve essere chiaro, infatti, che questo importante mezzo è, talvolta, la sola àncora di salvezza per qualche bambino, che nonostante le proprie difficoltà, riesce finalmente a vedersi capace come gli altri almeno in quel campo, dove non si richiedono particolari abilità di tipo cognitivo.

Mettere in evidenza negativamente il comportamento di qualcuno facendo risaltare e balzare all'occhio molte crocette cancellate, dà molto fastidio a tutti i bambini, che fin da subito riconoscono in quel cartellone la possibile rivincita per ognuno.

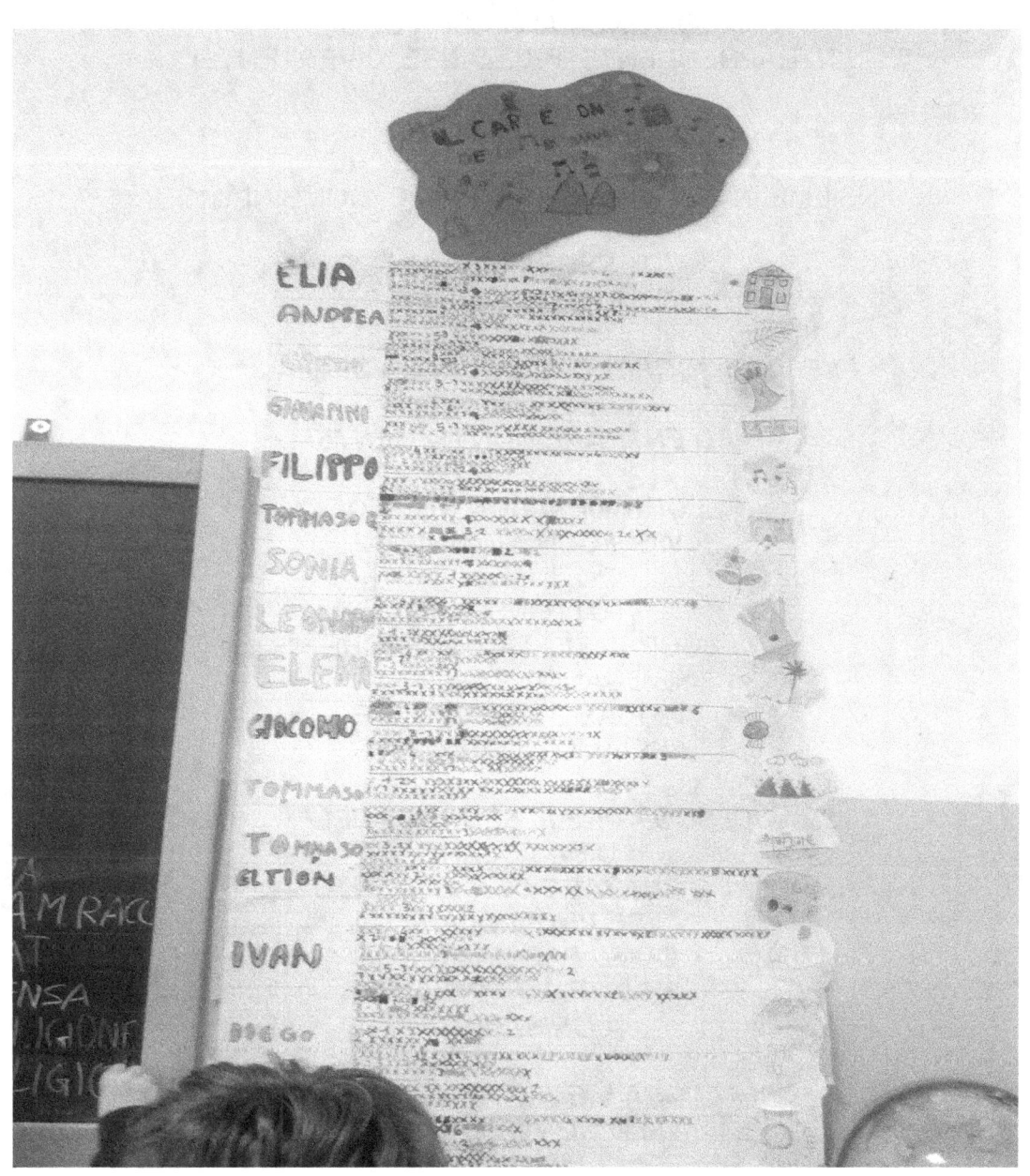

Ecco il nostro cartellone delle crocette,

richiesto nuovamente dai bambini

e costruito in maniera del tutto autonoma.

Il titolo è il seguente:

IL CARTELLONE DELLE BRAVURE!

INTERMEZZO 2: *prima canzone*

"VIENI CON NOI" (classe terza A)
(libero adattamento della canzone " Vieni con me" di Chiara Galeazzo)

QUESTA CLASSE,
CONTINUA AD ESSER COSI':
INTRAPRENDENTE, FRIZZANTE, DIVERTENTE!

GIOCARE INSIEME,
E' SEMPRE BELLO PERCHE'
INSIEME INVENTIAMO, SCOPRIAMO, COMBINIAMO...

MA IL SEGRETO QUAL E'?
IL SEGRETO QUAL E'?

SE VUOI SCOPRIRE IL SEGRETO DELLA 3^ A,
DEVI VOLARE
ED ENTRARE CON LA MENTE!

ALLORA VIENI CON NOOOOOOI
VIENI CON NOOOOOOI!

TUTTI INSIEME,
SCOPRIAMO TANTI PERCHE'
E QUANDO PARLIAMO
APRIAMO L'ORIZZONTE
APRIAMO L'ORIZZONTE.

SE VUOI SCOPRIRE IL SEGRETO DELLA 3^ A,
DEVI VOLARE
ED ENTRARE CON LA MENTE.
SE VUOI VOLARE,
COME FACCIAMO NOI,
DEVI SOLO PROVARE
A CREDERCI...

ALLORA VIENI CON NOOOOOOI
VIENI CON NOOOOOOI!

SE TU VORRAI,
VENIRE INSIEME A NOI
POTRAI SCOPRIRE
MAGIE E FANTASIE,...

ALLORA VIENI CON NOOOOOI,
VIENI CON NOOOOOI
VIENI CON NOOOOOI
VIENI CON NOOOOOI
VIENI CON NOOOOOI....

SIAMO O NON SIAMO I ..."CAVALIERI DELLA RACCOLTA"?

Quando fin da molto piccoli si spingono i bambini a diventare sempre più responsabili rispetto a ciò che talvolta causano a se stessi ma anche agli altri compagni e/o all'ambiente e alle cose, molto spesso, come insegnanti, ci capita di pensare che la cosa faccia presa verso i nostri alunni solo in quel determinato momento e che poi il tutto si perda nel tempo.

Sembra quasi che, se non si trova il modo di far fissare realmente quei profondi concetti di vita attraverso un qualche cosa che possa essere riconosciuto come significativo per i bambini, si finisca poi per sentirsi costretti a richiamare continuamente le giuste azioni che è necessario perseguire in relazione a quel determinato comportamento corretto da assumere.

E' il caso, ad esempio, del problema del rispetto dell'ambiente, inteso come cortile della scuola ma anche come spazi differenti quali bagni, mensa, aula, corridoi.

Non a caso affronto questo punto dopo aver descritto, in maniera dettagliata, nel capitolo precedente, la modalità con cui si utilizza il cartellone delle crocette perchè, dalla mia esperienza, le due cose sono state decisamente concatenate, tanto che una fungeva da sostegno all'altra.

Vediamo come.

Siamo partiti da una stimolazione nata quasi per caso grazie all'osservazione di uno dei bambini che metteva in risalto come fuori, in cortile, in una giornata particolarmente ventosa, stessero svolazzando liberamente delle carte di merendine.

Lui vedeva la situazione quasi con occhio *"poetico"* in quanto paragonava tutte quelle carte colorate a delle farfalline ... ed i suoi compagni gli facevano eco gareggiando a chi ne vedeva di più.

Dopo un primo momento di osservazione collettiva, ho deciso di scrivere alla lavagna una domanda che diceva così: *"Vi piace il cortile della vostra scuola"?*

Era ovviamente una domanda provocatoria e, se vogliamo, anche un po' fuorviante, ma è servita allo scopo in quanto, dopo un primo momento di osservazioni varie rispetto a come la vedevano in quel determinato momento, ci si è spinti un po' oltre cercando di arrivare al nocciolo della questione.

Non è stato poi così complicato, quindi, condividere con gli alunni il valore di ciò che volevamo mettere in risalto attraverso la nostra conversazione che, al di là di aver per un momento osservato un movimento "magico" di *"farfalline colorate"*, sottolineava come ora rimanesse il problema vero per la scuola perchè...quelle *"farfalline colorate"* prima così belle, ora diventavano l'emblema di sporcizia.

Alla domanda, allora, di che cosa avremmo potuto fare noi per far sì che questo spazio così importante per i bambini e così apprezzato perchè simbolo di gioco, svago, libertà, divertimento, aggregazione fosse salvaguardato e tutelato, si è risposto del tutto spontaneamente che qualcuno avrebbe dovuto fare da controllore.

Ma chi? E come, con che incarichi? E come gestire la cosa?

In quella giornata ci siamo lasciati con tutte queste idee, con l'impegno, però, di rifletterci a casa e di riparlarne insieme il giorno seguente.

La giornata successiva è stata, quindi, particolarmente produttiva perchè i ragazzini ne avevano discusso a casa ed ognuno di loro aveva qualche proposta da presentare (*...e a proposito di questo, è da rilevare come sia sempre molto importante stimolare la curiosità nei bambini fin da molto piccoli, cercando magari di pungolarli e di far trovare proprio a loro alcune risposte anche su ...questioni da grandi...: funziona sempre!*).

C'era allora chi proponeva che ci fossero delle guardie, chi dei soldati, dei controllori: insomma...qualcuno che a turno potesse assumersi la responsabilità di difendere questo luogo così magico.

Prima di decidere, perciò, il come e cosa fare, ci si è messi d'accordo su come chiamare questi paladini così coraggiosi e volenterosi e alla fine si è optato per *"I Cavalieri della raccolta"*.

Si è stabilito che, a turno, tra gli incarichi ci fosse anche quello appunto dei *Cavalieri della raccolta* che, settimanalmente, armati di distintivo per farsi riconoscere dai compagni ma anche dalle altre classi (...è sempre importante seminare e condividere...), di sacchetto, di guanti e di protezione sul grembiule (borsetta di naylon con 2 fori che fungeva da maglietta), avevano l'incarico di ripulire lo spazio.

Dovevano, poi, rendicontare alla classe riguardo agli spazi che risultavano più sporchi, suggerendo cosa fare per far sì che il problema non si verificasse più.

Questo incarico, punto fermo per i primi 2 anni, va gradualmente a decadere nelle classi più grandi ma, ciò che è più importante, è che l'esperienza che si matura nei primi anni non va mai dimenticata.

Come è possibile?, mi si chiederà.

In questo subentra nuovamente il valore del cartellone delle crocette e spiego il perchè.

Mentre si avvia l'attività di sensibilizzazione del rispetto dell'ambiente e delle cose fin da molto piccoli, è fondamentale che, parallelamente al riconoscimento che viene dato ad ogni bambino che gioca assumendo il ruolo del *Cavaliere* (...credetemi, si verifica spesso che ci sia la gara per poterlo fare...), si metta in risalto un ulteriore riconoscimento assegnando a quel personaggio tante più crocette quanto meglio porta a termine il suo ruolo, e tale valutazione dovrà essere effettuata prima di tutto dai compagni, che saranno giudici nella massima trasparenza.

Non solo: si inizierà a riconoscere che anche altri compagni stanno contribuendo a far sì che l'ambiente non venga rovinato perchè...chiudono sempre i rubinetti dell'acqua che trovano aperti; spengono le luci quando escono dall'aula; raccolgono qualche giubbotto che possono trovare per terra; sistemano i banchi dell'aula lasciandola in ordine; si preoccupano di tenere puliti i banchi; raccolgono spontaneamente della carte che trovano lungo il corridoio e così via.

Agendo così, quindi, si inizia a tessere quel terreno collettivo e condiviso di buon senso sul quale implementare in seguito la formazione a 360° dell'alunno che si fa più maturo, padrone delle proprie potenzialità e delle proprie competenze ma soprattutto consapevole che ciò che va a fare è per un bene collettivo.

A mano a mano che gli alunni crescono, quindi, il gioco sparisce perchè è più adatto ai bambini piccoli ma, a sostegno di quanto è bene fare per il mantenimento di questo grande obiettivo, rimane il cartellone delle crocette, che fino in quinta resta sempre un punto fermo, al quale si può accedere per mettere in risalto le bravure di ognuno anche sotto questo punto di vista.

La sensibilizzazione al rispetto dell'ambiente, quindi, è ancora sostenuta dalla voglia di potersi aggiudicare più crocette possibili (il valore del gioco in questo rimane), ma il tutto è accompagnato da un alto senso del dovere che, come una *voce di pancia*, trasmette il messaggio spontaneamente, ad ognuno, che quella carta si può raccogliere e gettare nel contenitore giusto, che la luce si può spegnere se non serve, che il giubbotto si può raccogliere, che prima di uscire si deve mettere in ordine il banco e così via.

Gradualmente, quindi, l'insegnante si ritroverà ragazzini sempre più responsabili ed attenti anche se apparentemente ancora desiderosi di dimostrare quanto sono in gamba semplicemente attraverso la crocetta guadagnata quel giorno.

IL MAGICO MOMENTO DE "*LA MAESTRA RACCONTA*"

Anche questa attività, come già accennato nei capitoli precedenti, diviene sempre più, con il passare degli anni, un momento richiesto ed atteso dai bambini: loro la vivono come fase di rilassamento e di interruzione mentre per noi docenti è soprattutto una ulteriore via per raggiungere ognuno di loro.

Le storie che vengono lette insieme, infatti, sono spesso suggerite dai bambini stessi e quindi acquisiscono ulteriore valore ma si trasformano anche in strumenti per l'insegnante che può così intervenire rispetto anche a situazioni difficili e/o complesse che molto spesso vivono i nostri bambini.

E' stato questo il caso, ad esempio, di quando tre anni fa un bambino stava vivendo un'esperienza bellissima, ma nello stesso tempo impegnativa, dell'adozione di una sorellina che sarebbe arrivata in famiglia.

Ovviamente non era una cosa da poter gestire in poco tempo, bensì necessitava di tutta una serie di interventi tra casa e scuola che potessero sostenere il bambino in questa fase così delicata.

Al di là di ciò che è stato svolto nella quotidianità rispetto alla situazione, la cosa importante realizzata in classe è stata quella di "raccontare", durante il momento de "La maestra racconta", le cose belle che il compagno ci scriveva rispetto a ciò che stava vivendo e che ci narrava, con l'aiuto dei genitori, attraverso le mail che ci spediva dal luogo dove si trovava (l'adozione era di una bambina che proveniva da un paese dell'Asia).

Quanto ci raccontava, accompagnato magari da quache foto, ha fatto sì che il gruppo si ponesse empaticamente in sintonia con il compagno e nello stesso tempo ha permesso al protagonista di iniziare a rielaborare nel senso corretto l'esperienza che stava vivendo.

Un altro episodio si è verificato invece due anni fa, quando un bambino ha attraversato un momento difficile dettato prima dalla separazione dei genitori e segnato poi da un importante problema di salute della mamma, superato poi fortunatamente in modo brillante.

I due genitori, su consiglio della psicologa che li stava accompagnando nel percorso, hanno riportato a scuola l'informazione che era stato consigliato loro di leggere ai propri bambini una storia che li avrebbe aiutati a superare le difficoltà.

Intelligentemente, e sapendo quale potesse essere la prassi nella nostra classe, la madre mi ha informata della cosa, consapevole molto probabilmente, che avrei utilizzato quella stessa via per poter lavorare con tutto il gruppo degli alunni.

Il testo in questione (*Magigum e il volo delle emozioni*" di Carlo Scataglini - Ed. Erickson) è stato molto gettonato dai bambini ma soprattutto è stato assai utile lo sviluppo di uno specifico percorso didattico che poi è stato realizzato, a favore di tutta la classe, proprio sul valore e sulla consapevolezza delle proprie emozioni.

E' stato così incisivo e significativo che una compagna si è fatta anche acquistare dai propri genitori la prosecuzione della storia ed ha proposto alla classe di leggerla nei momenti successivi de "La maestra racconta": inutile dire che la cosa è stata ben accolta!

Anche per quanto riguarda questo momento della settimana, però, ciò che è fondamentale affinchè l'esperienza prenda il valore che le spetta di dovere, è che l'insegnante non metta mai in secondo piano questo impegno in rapporto ad altri che molto spesso sembrano avere il sopravvento!

Ne sono consapevole: a volte ci facciamo prendere dalle molte, troppe cose da fare ma...credetemi...non serve molto per mantenere alta la nostra coerenza a vantaggio dei risultati che poi arrivano con il tempo!

Se in quel determinato giorno non è possibile leggere molto, bastano solo *cinque minuti cinque*, per dare un brevissimo assaggio di ciò che si racconta e per lasciare un po' di sana attesa chiudendo la, seppur breve lettura, con la fatidica frase:" *...e qui ci fermiamo...*".

Così facendo, manteniamo con coerenza il nostro impegno, lasciamo un po' di curiosità e...riprendiamo il nostro lavoro che incombe senza che nessuno possa pensare:"*La maestra non ha mantenuto la promessa: che delusione!*"

INTERMEZZO 3: seconda canzone

"LA FORZA DELLA QUARTA A"

(libero adattamento della canzone "Bailando" di Enrique Iglesias)

SIAMO GIUNTI TUTTI INSIEME IN CLASSE QUARTA A

SIAM CRESCIUTI E ADESSO NOI SIAMO LA QUARTA A.

TANTE COSE ABBIAMO FATTO E TANTE NE FAREMO

MA LA COSA PIU' IMPORTANTE E' CHE MATUREREMO

LEGGENDO, STUDIANDO

MA ANCHE SCRIVENDO, RIDENDO, SCHERZANDO, FACENDO, PROVANDO

LEGGENDO, STUDIANDO

MA ANCHE SUONANDO, BALLANDO, GIOCANDO, VIVENDO, SOGNANDO.

NOI QUEST'ANNO TUTTI QUANTI CI IMPEGNEREMO

PERCHE' CRESCERE SERENI E' CIO' CHE VOGLIAMO

LO VOGLIAMO SI'!

LO VOGLIAMO SI'!

SIAM SICURI CHE IL TRAGUARDO LO RAGGIUNGEREMO

PERCHE' SIAMO DEI RAGAZZI...COME ARCOBALENO

LO FAREMO SI'!

LO FAREMO SI'!

VOGLIAMO STARE INSIEME,

STUDIARE INSIEME,

SCHERZARE INSIEME,

PROVARE INSIEME, PERCHE' COSI'

LA FORZA AUMENTERA'.

VOGLIAMO STARE INSIEME,

STUDIARE INSIEME,

SCHERZARE INSIEME,

PROVARE INSIEME, PERCHE' COSI'

IL GRUPPO CRESCERA'.

OH OH OH OHHH OH OH OH OHHH OH OH OH OH OH OH OH OH OHHH...

GRANDI COSE OGNI GIORNO TUTTI NOI FAREMO

PERCHE' DIVENTARE GRANDI E' PER NOI UN IMPEGNO.

E QUANDO ADULTI TUTTI QUANTI CI RIPENSEREMO

DI QUESTA SCUOLA ANCORA NOI TUTTI RICORDEREMO.

LEGGENDO, STUDIANDO

MA ANCHE SCRIVENDO, RIDENDO, SCHERZANDO, FACENDO, PROVANDO

LEGGENDO, STUDIANDO

MA ANCHE SUONANDO, BALLANDO, GIOCANDO, VIVENDO, SOGNANDO.

NOI QUEST'ANNO TUTTI QUANTI CI IMPEGNEREMO

PERCHE' CRESCERE SERENI E' CIO' CHE VOGLIAMO

LO VOGLIAMO SI'!

LO VOGLIAMO SI'!

SIAM SICURI CHE IL TRAGUARDO LO RAGGIUNGEREMO

PERCHE' SIAMO DEI RAGAZZI...COME ARCOBALENO

LO FAREMO SI'!

LO FAREMO SI'!

VOGLIAMO STARE INSIEME,

STUDIARE INSIEME,

SCHERZARE INSIEME,

PROVARE INSIEME, PERCHE' COSI'

LA FORZA AUMENTERA'.

VOGLIAMO STARE INSIEME,

STUDIARE INSIEME,

SCHERZARE INSIEME,

PROVARE INSIEME, PERCHE' COSI'

IL GRUPPO CRESCERA'.

OH OH OH OHHH OH OH OH OHHH OH OH OH OH OH OH OH OH OHHHH...

ARRIVA DELLA POSTA SPECIALE: LA MAESTRA SCRIVE!

A proposito della cassetta della posta (cap.1), è bene ricordare che a corredo di quanto gradualmente gli alunni sono usi fare con questo magico strumento, vi è anche la possibilità di ricevere, almeno due volte l'anno, da parte della maestra, una lettera molto speciale che, insieme ad altri obiettivi che attraverso l'uso della cassetta sono perseguiti nei cinque anni della Scuola Primaria, permette il raggiungimento di quello fondamentale della graduale autovalutazione e consapevolezza di sé.

La prima lettera è l'unica che risulta essere uguale per tutti, scritta con un carattere abbastanza grande e sufficientemente corta, tanto da essere letta dai bambini dopo i primissimi mesi di scuola.

Viene predisposta, infatti, alla fine del mese di gennaio quindi dopo il primo quadrimestre, periodo in cui i bambini cominciano già a leggere qualche semplice frase.

La lettera, debitamente personalizzata con il nome del bambino, viene inserita dall'insegnante nella cassetta della posta e, una volta aperta la cassetta, viene consegnata a tutti, individualmente, facendo notare che: *"E' proprio solo per te!"*.

Si lascia del tempo per leggerla da soli e solo in un secondo momento, viene letta a voce alta dall'insegnante, spiegando ciò che si vuole dire con quel messaggio.

Si passa, quindi, a raccogliere le emozioni provate nel ricevere questo documento così importante ed inatteso e si cerca di condividere il tutto.

Questa lettera, poi, viene inserita nel quaderno ad anelli di italiano in modo che si possa portare a casa, si possa condividerne la gioia con i propri genitori e ci si possa esercitare per la lettura della stessa che diverrà compiti (in questo caso molto significativi) per la volta successiva.

In questa prima fase, perciò, si invia solamente un primo messaggio ad alunni e genitori di ciò che ci si potrà aspettare ogni tanto dall'insegnante ma già si comincia a delineare un ulteriore mezzo che potrà diventare uno strumento utile per raggiungere sempre più nel privato ogni alunno.

E' ovvio, infatti, che se le prime lettere, in classe prima e seconda, pur sempre più personalizzate (già alla fine della prima diventano infatti differenti l'una dall'altra) saranno scritte adattandole a bambini ancora molto piccoli, a mano a mano che gli anni passano diventano sempre più un mezzo per far riflettere ognuno rispetto a quali strategie mettere in atto per migliorare.

E' una scadenza molto sentita e, devo dire, anche molto attesa: attesa dagli alunni, che sanno che in quel documento trovano sempre motivo di sentirsi orgogliosi di sé, malgrado consapevoli di poter migliorare ancora di più; attesa anche dai genitori, che talvolta confidano all'insegnante che attraverso la lettera riescono a cogliere aspetti del carattere del proprio figlio/a che non conoscevano.

Ne sono consapevole: non è cosa da poco prendersi l'impegno, per noi docenti, di stendere anche questo documento che accompagni la crescita dei nostri alunni, soprattutto nel momento in cui gli stessi diventano grandi e le cose da dire potrebbero essere molte, ma nella mia esperienza ho scoperto che, alla fine, anche per tale impegno vale davvero spendersi, perchè queste lettere, col tempo, diventano una prova per molti ragazzi che tutti, ma proprio tutti, indistintamente, valiamo.

Vivere a contatto con i bambini ti riserva sempre grandi esperienze ed emozioni, che rendono pieno di senso il ruolo che come educatori ci troviamo a rivestire.

Certamente ciò che più di altri aspetti contraddistingue il nostro essere formatori in un ambiente strutturato come la scuola, rispetto ad altri luoghi che possono di per sé divenire loro stessi spazi di crescita individuale, è comprendere che se, come docenti, crediamo fermamente in ciò che vogliamo raggiungere, qui le potenzialità possono davvero essere molteplici.

Mi sento di affermare, infatti, che nonostante le difficoltà che molto spesso la scuola può attraversare (mancanza di fondi, strutture inadeguate, strumentalità assenti, competenze professionali non sempre all'altezza), valga sempre la pena tentare di ricercare soluzioni alternative e creative provando a coinvolgere sempre più da vicino proprio gli attori che ne sono maggiormente protagonisti: gli alunni.

Se, infatti, come insegnanti ci soffermassimo ogni giorno a riflettere sulle belle cose che in quella giornata ci hanno regalato i bambini e se provassimo ad elencarle una sotto all'altra, da quelle più banali a quelle più eclatanti, attraverso una sorta di scaletta individuale che rappresenta la formazione della nostra vita da docenti, potremmo trovare delle belle sorprese.

Io ho sempre creduto, infatti, che essere persona consapevole, matura, preparata fosse anche sinonimo di persona curiosa, disponibile, motivata così come anche aperta al gioco, al confronto, al desiderio di crescita...e chi, allora, meglio dei ragazzi con i quali collaboriamo, possono *"insegnarci"* tutto questo?

Sì, sembra assurdo ma, in quest'ottica, mi sento di affermare che sono proprio i nostri alunni che, malgrado le difficoltà con le quali, come adulti professionisti siamo costretti a confrontarci molte volte, ci regalano la voglia di trovare idee sempre diverse e originali e che ci spingono a creare strategie nuove per ottenere risultati ogni volta maggiori per noi stessi ma soprattutto per tutti i nostri allievi.

Nel terminare, quindi, questo mio lavoro, inserisco in allegato un esempio di attività che è stata svolta con una classe terza e che voglio presentare a solo titolo esemplificativo di lavoro sviluppato attraverso l'impiego dell' efficace metodologia delle Unità di Apprendimento.

La proposta di lavoro, che è stata stesa secondo il modello presentato dall'Ispettore Franca Da Re (ALLEGATO 1), è stata poi illustrata anche presso l'ULSS 9 di Treviso in occasione di un barcamp dal titolo *"Promuoviamo insieme la salute a scuola"* (settembre 2014).

https://prezi.com/zlnb99iw14rc/a-scuola-con-un-clicke-noi-ci-raccontiamo-cosi/

In particolare, in riferimento a questa attività, all'nterno dell'*intermezzo n.4* verranno presentate anche le storie che sono emerse da questo lavoro, realizzate in maniera del tutto autonoma dagli alunni in questione, secondo lo schema di lavoro così come spiegato dall'UdA che accompagnano.

Viene inoltre inserito un breve racconto (ALLEGATO 2) che ho presentato in occasione del concorso *"Storie di scuola...scuola di storie",* che da solo diviene dimostrazione pratica di come sia possibile utilizzare nella quotidianità, alcune delle strategie presentate all'interno dei vari capitoli del seguente lavoro.

Tale brano è stato selezionato e menzionato dalla Commissione giudicatrice all'atto della premiazione finale come esempio d lavoro da applicare all'interno della Scuola Primaria.

ALLEGATO 1

UNITA' DI APPRENDIMENTO

LA CONSEGNA AGLI STUDENTI

TITOLO UdA – A SCUOLA...CON UN CLICK!

E NOI CI RACCONTIAMO COSI'...

COSA SI CHIEDE DI FARE: realizzazione di alcune "storie a più mani"; co-costruzione delle storie anche in asincrono mediante l'impiego del blog di classe come supporto tecnologico; trasposizione delle storie a più mani, inventate dai singoli gruppi, su cartelloni 80 x 100 cm attraverso l'impiego della tecnica del fumetto (come preparazione al lavoro sul discorso diretto in italiano); rappresentazione teatrale delle singole storie in una giornata dedicata dove tutti si sentano protagonisti; ripresa con videocamera delle singole storie; valutazione finale dei prodotti realizzati (storie scritte), dei fumetti strutturati, della rappresentazione scenica delle storie (visione delle storie riprese con videocamera); autovalutazione da parte della classe rispetto agli stessi aspetti oggetto di valutazione da parte dell'insegnante e condivisione dei giudizi finali con relative motivazioni.

IN CHE MODO: attività svolte in gruppo (scrittura delle storie nei momenti dedicati anche durante la lezione in classe – disegni dei fumetti – rappresentazione teatrale delle storie – condivisione e scelta dei criteri da applicare per potersi autovalutare) e individualmente (nel continuare la storia secondo il proprio turno anche da casa – nell' imparare la propria parte a memoria per la scenetta).

QUALI PRODOTTI: storie a più mani; fumetti nei cartelloni; rappresentazione scenica delle storie; autovalutazione conclusiva rispetto a punti di riflessione condivisi dal gruppo docenti e alunni.

CHE SENSO HA: favorire nei bambini una sempre maggiore disponibilità alla collaborazione tra pari, nella prospettiva di co-costruzione comune di un prodotto che dovrà vedere tutti parimenti partecipi; stimolare la creatività e l'inventiva di ognuno nel rispetto di norme e regole note e condivise; scoprire nuovi modi per comunicare; incoraggiare ogni bambino per far aumentare la personale autostima;

TEMPI: Anno Scolastico

RISORSE: computer, cartelloni, LIM, pennarelli.

CRITERI DI VALUTAZIONE: partecipazione ed interesse; organizzazione di gruppo ed individuale; produzione di gruppo ed individuale di elaborati vari; rispetto dei criteri di ordine e precisione negli elaborati prodotti; rispetto delle norme di comportamento; capacità di pensiero critico e creativo; capacità di rappresentazione scenica e teatrale delle storie.

VALORE DELLA UdA IN TERMINI DI VALUTAZIONE DELLA COMPETENZA MIRATA: competenze affrontate e richiamo alla Competenza Chiave Europea -

- ≳ Padroneggiare gli strumenti espressivi ed argomentativi indispensabili per gestire l'interazione comunicativa verbale in vari contesti (**COMUNICAZIONE NELLA MADRE LINGUA**)

- ≳ Produrre testi di vario tipo in relazione ai differenti scopi comunicativi (**COMUNICAZIONE NELLA MADRE LINGUA**)

- ≳ Utilizzare con dimestichezza le più comuni tecnologie dell'informazione e della comunicazione, individuando le soluzioni potenzialmente utili ad un dato contesto applicativo, a partire dall'attività di studio (**COMPETENZE DI BASE IN SCIENZE E TECNOLOGIA**)

- ≳ A partire dall'ambito scolastico, assumere responsabilmente atteggiamenti e ruoli e sviluppare comportamenti di partecipazione attiva e comunitaria (**COMPETENZE SOCIALI E CIVICHE**)

- ≳ Effettuare valutazioni rispetto alle informazioni, ai compiti, al proprio lavoro, al contesto; valutare alternative, prendere decisioni (**SPIRITO DI INIZIATIVA E INTRAPRENDENZA**)

- ≳ Assumere e portare a termine compiti e iniziative (**SPIRITO DI INIZIATIVA E INTRAPRENDENZA**)

- ≳ Pianificare e organizzare il proprio lavoro; realizzare semplici progetti (**SPIRITO DI INIZIATIVA E INTRAPRENDENZA**)

- ≳ Trovare soluzioni nuove a problemi di esperienza; adottare strategie di problem solving (**SPIRITO DI INIZIATIVA E INTRAPRENDENZA**)

PESO DELLA UdA IN TERMINI DI VOTI IN RIFERIMENTO ALLE DISCIPLINE: la realizzazione dell'UdA presentata permetterà all'insegnante di verificare gli aspetti richiamati all'interno delle varie Competenze individuate

UNITA' DI APPRENDIMENTO N. 1

DENOMINAZIONE: A SCUOLA...CON UN CLIK! E NOI CI RACCONTIAMO COSI'...

COMPITO – PRODOTTO: realizzazione di alcune "storie a più mani"; co-costruzione delle storie anche in asincrono mediante l'impiego del blog di classe come supporto tecnologico; trasposizione delle storie a più mani, inventante dai singoli gruppi, su cartelloni 80 x 100 cm attraverso l'impiego della tecnica del fumetto (come preparazione al lavoro sul discorso diretto in italiano); rappresentazione teatrale delle singole storie in una giornata dedicata dove tutti si sentano protagonisti; ripresa con videocamera delle singole storie; valutazione finale dei prodotti realizzati (storie scritte), dei fumetti strutturati, della rappresentazione scenica delle storie (visione delle storie riprese con videocamera); autovalutazione da parte della classe rispetto agli stessi aspetti oggetto di valutazione da parte dell'insegnante e condivisione dei giudizi finali con relative motivazioni.

COMPETENZE MIRATE: comunicazione nella madrelingua (A) – competenze di base in tecnologia (B) – competenze sociali e civiche (C) – spirito di iniziativa ed intraprendenza (D) –

ABILITA'/CAPACITA'	CONOSCENZE
(A)-Produrre testi scritti coesi e coerenti per raccontare esperienze personali o altrui - Esporre argomenti noti - Esprimere opinioni e stati d'animo, in forme adeguate allo scopo e al destinatario	Principali strutture della lingua italiana-Pianificazione elementare di un testo scritto – Lessico fondamentale per la gestione di semplici comunicazioni orali – Principali connettivi logici -
(C)-Partecipare a discussioni di gruppo, individuando il problema affrontato e le principali opinioni espresse	Strategie essenziali dell'ascolto finalizzato e dell'ascolto attivo -
(C)-Partecipare attivamente alle attività (anche di gruppo) e alle conversazioni - Collaborare con i compagni per un progetto comune -	Regole della vita e del lavoro in classe -
(B)-Approfondire ed estendere l'impiego della videoscrittura	Uso del computer come strumento di comunicazione
(D)-Cooperare con gli altri nel gioco e nel lavoro – Ripercorrere verbalmente le fasi di un lavoro, di un compito, di una azione eseguiti – Confrontare la propria idea con quella altrui -	Fasi di un'azione – Modalità di decisione (es. "Sei cappelli") - Capacità di confronto con i componenti del gruppo – ricerca del pensiero logico da mantenere -

UTENTI DESTINATARI: alunni classe 3^ A – genitori alunni classe 3^A

PREREQUISITI: collaborazione in gruppo; uso di strumenti specifici (computer – blog di classe - cartoncino – pennarelli - righello); impiego corretto del programma di videoscrittura word -

TEMPI:
Anno Scolastico (totale 13 ore primo quadrimestre – 25 ore secondo quadrimestre)

CHE COSA FA L'ALLIEVO:
(vedi piano di lavoro allegato)

CHE COSA FA IL DOCENTE:
(vedi piano di lavoro allegato)

ESPERIENZE ATTIVATE:
(vedi piano di lavoro allegato)

METODOLOGIE:
(vedi piano di lavoro allegato)

RISORSE UMANE:
  ≿ **Interne (alunni ed insegnanti di classe)**
  ≿ **Esterne (genitori)**

STRUMENTI:
(vedi piano di lavoro allegato)

VALUTAZIONE:
(vedi piano di lavoro allegato

INTERMEZZO n.4: le nostre storie a più mani

GRUPPO N. 1

ANDREA, DIEGO, ELIA, MATILDE

"IL MISTERO DEGLI OGGETTI SCOMPARSI"

Ero appena ritornato a casa da scuola (sono Andrea) e mia mamma mi aveva detto che le avevano rubato il suo anello di 40 carati.

La mamma era molto arrabbiata ma anche disperata.

Io ero davvero preoccupato e allora sono andato da Diego per dargli la brutta notizia ma...lui mi disse che non trovava più il suo coltellino d'oro!

In quel momento arrivò Elia che ci gridò che invece a lui... era sparito il cane!

Allora tutti e tre andammo da Matilde che invece ci spiegò che... le avevano rubato la sua collana!

La situazione era davvero impressionante: cosa stava succedendo?

Decidemmo di andare tutti a casa di Matilde, prendemmo dei tranch, delle lenti d'ingrandimento e iniziammo le indagini, cominciando a cercare gli indizi a casa di Andrea.

Andrea e Diego perlustrarono l'interno della casa, mentre Elia e Matilde si occuparono dell'esterno.

A un certo punto si sentì un grido spaventoso: era Andrea!

Tutti quanti corsero in salotto a vedere cosa fosse successo: Andrea aveva trovato ... delle tracce di sangue!!

Improvvisamente però Diego svenne e noi tutti guardammo nella direzione dove Diego era svenuto: vicino a lui trovammo una freccetta con del veleno in una mano mozzata appesa al muro.

Allora Elia cercò di svegliare Diego e per fortuna lui si svegliò ma... ancora molto allarmato!

Prendemmo la freccetta, la mettemmo in un sacchetto e continuammo le indagini.

Visto che avevamo trovato tanto all'interno della casa, andammo a cercare fuori in giardino ma poichè non vi trovavamo niente, ci distendemmo su un campo di fiori.

In quel momento però vedemmo un' ombra, la seguimmo e l'ombra ci condusse davanti a una grotta.

Quell'ombra era misteriosa e apparentemente spaventosa ma in realtà...era uno scienziato!

Lo scienziato ci intrappolò in una gabbia e ci chiese perchè eravamo lì e noi gli rispondemmo che stavamo cercando le nostre cose.

In quel momento, però, Matilde vide tutto quello che cercavamo e disse: " Tu... tu... tu..." e lui rispose: " Io... io... io... le ho rubate!".

La notte stessa, però, Matilde, molto furba, prese una delle sue mollette, ci liberò e in quel momento arrivò lo scienziato per vedere cosa fosse successo, allora Matilde prese una corda e lo legò.

E da quel momento, vivemmo tutti felici e...liberi!

GRUPPO N. 2

GIOVANNI, LEONARDO, ELTION, GRETA

"I QUATTRO AMICI NELLA PREISTORIA"

Quel giorno in classe c'era un gran fermento perchè c'era una verifica di geografia ed Eltion non aveva studiato.

Quando la verifica era terminata e la maestra aveva finito di controllare i lavori, Eltion scoprì che aveva preso un voto basso.

Quando ritornò a casa, lo scoprì anche la mamma che si arrabbiò molto con lui.

Ad un tratto il campanello suonò: erano Greta, Giovanni e Leonardo che volevano vedere Eltion ma lui non c'era perchè... era già scappato da casa!

Tutti e tre, appena lo videro in distanza, lo rincorsero per farlo ragionare, ma improvvisamente, durante il tragitto, un uomo lo rapì e, con la sua macchina del tempo, lo portò nella preistoria in modo che nessuno lo potesse trovare.

Tutti erano in pensiero per lui e allora si misero a correre da tutte le parti per cercarlo.

Correndo, trovarono un messaggio in una bottiglia.

Intanto, nella preistoria, Eltion stava cavalcando un Pterosauro e... si stava divertendo molto!

Trovata la bottiglia, i tre amici lessero il biglietto che conteneva la spiegazione per poter costruire una macchina del tempo.

Subito allora Giovanni ne costruì una e tutti insieme andarono nel Mesozoico.

Arrivati nella preistoria, preoccupati, si misero a cercare l'amico ma Eltion, invece, stava tranquillamente nuotando in un fiume con gli Elamosauri e con il loro collo faceva lo scivolo d'acqua.

I tre amici, sempre sulle tracce di Eltion, ad un certo momento immaginarono di vederlo, ma invece... era un T-Rex!!!

Non appena si accorsero dell'errore, si spaventarono molto e si misero a correre a più non posso, ma il T-Rex, visto che era molto più grande, li raggiunse velocemente!

Nel frattempo Eltion si stava costruendo una canna da pesca per pescare dei pesci e per gentilezza i pesci abboccarono subito.

Eltion, finito di pescare, si rifugiò in una caverna e cominciò a cucinarli.

I tre amici sentirono l'odore del pesce, raggiunsero Eltion e si precipitarono ad abbracciarlo, però un instante dopo cadde il meteorite che estinse i dinosauri.

E pochi secondi dopo che era caduto il meteorite, tutti andarono dentro la macchina del tempo e ritornarono a casa sani e salvi.

Il giorno dopo i quattro amici ritornarono a scuola e raccontarono alla maestra l'accaduto.

La maestra quasi non ci credeva tanto che chiese loro di portare delle prove e così il giorno dopo, con fatica, Eltion, Greta, Giovanni e Leonardo portarono in classe la macchina del tempo.

Tutta la classe rimase di stucco, di fronte a questo oggetto, e i quattro amici sorrisero all'idea di aver provato quella formidabile avventura.

GRUPPO N. 3

FEDERICO, TOMMASO B., TOMMASO D., SONIA

"I 4 AMICI E IL MISTERO DI CATECHISMO "

Sono Federico e ieri mi stavo preparando per andare a lezione di catechismo quando mi sono accorto che la borsa non c'era più.

Ho cercato dappertutto ma la borsa non c'era.

Allora ho telefonato alla maestra e lei mi ha informato che potevo andare a catechismo senza la borsa, perchè l'avevo lasciata lì.

La maestra, però, aveva una voce diversa dal solito....

Una volta giunto a catechismo, io le domandai perché al telefono avesse avuto una voce così strana e lei rispose che era preoccupata e spaventata.

In quel momento arrivarono anche Sonia, Tommaso B. e Tommaso D. e insieme domandarono alla maestra perché era spaventata e lei disse che aveva visto un' ombra mostruosa.

A quel punto, tutti insieme le abbiamo chiesto che ombra avesse visto e lei rispose...un' ombra di un vampiro!

Noi 4 non ci credevamo e pensavamo fosse uno scherzo ma invece la maestra ne era convinta!

Allora noi, per tranquillizzarla, in coro le abbiamo detto:"Non ti preoccupare! Ci pensiamo noi!".

Domandammo alla maestra dove avesse visto quell'ombra e lei rispose che era successo nella stanza azzurra.

Noi andammo a vedere la stanza azzurra e a un certo punto Federico,Tommaso B., Sonia e Tommaso D. sentirono odore di animale; noi 4 ci domandammo perché c' era quell' odore.

Insieme ci mettemmo a cercare e finalmente Federico trovò un cane e urlò: "L'HO TROVATO!"

Tutti andammo a vedere: era un "ciuaua" con una mascherina da vampiro!

Sonia andò a informare la maestra che il caso era risolto, la maestra venne a vedere e disse:

"AH, CHE SBADATA!! GLI AVEVO MESSO IO LA MASCHERINA DA VAMPIRO!"....

GRUPPO N. 4

TOMMASO F., FILIPPO, MATTEO, ANGELICA

"LE FORMICHE ASSASSINE"

Quel giorno al parco Tommaso F. si accorse che era scomparso Filippo e quindi, molto preoccupato, decise di chiamare in aiuto Matteo e Angelica.

Insieme cominciarono a cercare Filippo ma... non lo trovarono.

Allora chiesero ad altre persone se avevano visto un bambino molto piccolo, ma loro risposero di no.

Vista la situazione Tommaso Fiorotto, col suo telefono, cercò di chiamare Filippo ma Filippo non rispose.

Allora Matteo e Angelica cominciarono a preoccuparsi ancora di più.

A quel punto tutti sentirono un grido: era Filippo che, sfortunatamente, era stato rapito dalle formiche assassine!

Mentre gridava, Filippo venne trasportato nel formicaio gigante delle formiche.

Tommaso, Matteo e Angelica saltarono nel buco.

Dentro era molto buio, viscido e bavoso però, se andavi più in fondo, vedevi che le formiche facevano una festa, perchè avevano catturato il distruttore di formiche!

Così Matteo e Angelica uccisero tutte le formiche mentre Tommaso liberava Filippo.

Tutti insieme, una volta usciti dal formicaio, diedero la notizia alla gente e dopo tornarono a giocare al parco.

E da allora tutti vissero felici e contenti!!

GRUPPO N. 5

IVAN, ELENA, GIACOMO, DESIRE'

"I QUATTRO AMICI DEL CUORE!"

Che bello! Quel giorno, in palestra, c'era la lezione di calcio.

Tutti i bambini erano particolarmente felici ed eccitati perchè era la loro prima partita.

I 4 amici del cuore Ivan, Elena, Giacomo e Desirè decisero, però, prima di iniziare la partita, di fare uno scherzetto all' allenatore così, quando lui è uscito con la maestra, i 4 amici hanno avvicinato la sedia al muro, Ivan ci è salito sopra e... ha spostato le lancette dell'orologio!

Allora, quando l' allenatore è ritornato, si è accorto che il tempo era passato un po' troppo in fretta ma...non capendo bene la cosa, diede del tempo libero a noi ragazzi che così ci siamo guadagnati altri 30 minuti di ricreazione!

Ma quando anche la maestra arrivò, si accorse che l' orologio della palestra era sbagliato e che la scuola stava quasi per finire!

Infatti, in quel momento, la campanella suonò di colpo e la maestra... saltò in aria dallo spavento!

Tutti i bambini, allora, approfittarono per provare a scappare da scuola ma solo Giacomo ci riuscì, mentre tutti gli altri rimasero dentro dicendo: "Aiuto Giacomo!".

E così Giacomo ritornò a salvare i suoi 3 amici del cuore, imprigionati nella classe.

Quando Giacomo arrivò in classe si accorse che era tutto finito e che i suoi amici erano sani e salvi.

PIANO DI LAVORO UdA N. 1: settembre2013/ maggio 2014

SPECIFICAZIONE FASI

FASI	ATTIVITA'	STRUMENTI	ESITI	TEMPI	VALUTAZIONE
FASE 1 (Settembre 2013 / Gennaio 2014) **Prepariamoci ad una nuova avventura..**	Preparazione degli alunni e dei genitori all'uso del blog di classe come ambiente nel quale poter far sentire la propria voce.	Presentazione collettiva rivolta ad alunni e genitori in un unico incontro con lo scopo di far conoscere le motivazioni pedagogico/didattiche che spingono l'insegnante a proporre l'iniziativa. Presentazione delle potenzialità dello strumento: Breve indicazione di tipo tecnico per l'installazione del programma di Evernote - (Settembre) Primo approccio all'uso del nuovo ambiente da parte degli alunni prima a scuola e poi, sotto pianificazione, anche da casa (Ottobre). Distribuzione degli interventi degli alunni da casa, liberamente, secondo le esigenze e i desideri di ognuno (commenti – note – link - foto - ....) - (Novembre) Primo avvio di un'attività suggerita dagli alunni ed organizzata dall'insegnante ("I nostri testi speciali") – (Dic./Gennaio)	Interesse alla proposta operativa. Rispetto dei compiti e dei tempi assegnati per ogni consegna. Partecipazione attiva alla proposta.	Per la presentazione della proposta e la progettazione dell'intervento: n. 1 ora. - Settembre Per la ricognizione della qualità del primo approccio all'uso del blog: 1 ora a settimana (4 ore Ottobre) - Per l'applicazione in classe dell'attività "I nostri testi speciali", 1 ora a settimana (4 ore mese di Novembre + 4 ore mese di Dicembre = tot. 8 ore)	Partecipazione attiva alla conversazione iniziale Interesse alla partecipazione attiva all'attività proposta. Numero di interventi di collegamento al blog da casa. Capacità di confronto all'interno del grande gruppo classe per confrontarsi sulle problematiche inerenti l'impiego dello strumento, dimostrando interesse e motivazione. Capacità di gestione della prima attività che vede la sua realizzazione attraverso l'impiego del blog.

51

FASE 2 **...ed ora diamo sfogo alle nostre competenze!** **Ecco le nostre "Storie a più mani"!** **(Febbraio 2014 – Maggio 2014)**	Ogni alunno di classe terza, dopo aver sperimentato l'uso dell'ambiente blog (un paio di alunni, privi della strumentazione a casa, sono stati supportati da qualche compagno e comunque sono stati messi in situazione a scuola), è ora pronto per sperimentare l'impiego di questo spazio attraverso la realizzazione di qualche attività che inizi a far prendere confidenza con la metodologia del "Flipped classroom"(*La scuola rovesciata*). Si sensibilizzano nuovamente i genitori affinchè comprendano il valore di questa proposta di insegnamento che, mentre per la classe terza è solo di avvio, potrà essere maggiormente utilizzata in classe quarta. Spiegazione delle varie proposte che saranno realizzate: creazione di "Storie a più mani" - Raccolta delle recensioni dei testi letti - Stimolazione alla scrittura di poesie così come suggerito da una bambina - Realizzazione di piccole ricerche collettive – Visione di qualche video su suggerimento dell'insegnante in preparazione di attività da svolgersi poi, in gruppo, in classe (es. attività "Terra Madre").	Condivisione del programma di lavoro con i genitori, all'interno di un incontro collettivo (fine Gennaio 2014) Raccolta di nuove stimolazioni da parte degli alunni da condividere con la classe e, quando possibile, loro realizzazione. **Suddivisione degli alunni in gruppi di 4 per l'avvio in particolare dell'attività "Storie a più mani"**	Avvio alle attività nel blog anche in modo spontaneo e creativo (es. spazio poesia). Impiego di proposte offerte dal web e relativa tecnica di un loro utilizzo: apertura di un link o inserimento di link di musica o di altro genere. Inserimento di foto. Registrazione di messaggi vocali. Uso corretto degli smiles anche con l'uso della tastiera.	n. 1 ora alla settimana per un totale di 12 ore	Partecipazione alla discussione collettiva. Grado di interesse e di motivazione dimostrati dagli alunni mediante i personali interventi nel blog e attraverso le domande di criticità o di curiosità inerenti lo strumento (*"Maestra, ma perchè il blog non mi sincronizza la note?"...*)

FASE 3 **Le nostre "Storie a più mani" prendono forma...**	In particolare, oltre alle varie proposte di cui al punto in FASE 2, si pone particolare attenzione alla realizzazione delle "Storie a più mani" attraverso le modalità presentate nelle FASI 3 / 4 / 5	Computer a scuola fornito di linea Internet direttamente collegato al blog. Computer di casa.	Data una frase-stimolo assegnata dall'insegnante ed inerente alcune realtà vicine agli alunni (attività a scuola – catechismo – ambiente sportivo – attività a casa – parco) ogni gruppo composto di 4 bambini deve proseguire la storia scrivendo, a turno, una frase. Per far sì che l'insegnante capisca chi ha scritto quella determinata frase, vengono stabiliti dei colori corrispondenti ad ognuno dei componenti. Il testo, con l'inserimento da parte di ogni alunno, potrà essere fatto a scuola ma anche proseguito a casa. Fondamentale è mantenere la logica degli interventi, il rispetto del proprio turno, la correttezza di quanto si va a scrivere.	n. 3 ore	Normali criteri di valutazione della scrittura adeguata (attenzione alla logica degli inserimenti, all'ortografia, all'ordine, al rispetto dei tempi di scrittura, all'autocorrezione)
FASE 4 **Le nostre "Storie a più mani" iniziano...**	Terminata la prima stesura delle varie storie, si passa alla revisione delle stesse in un momento di confronto assegnato ad ogni gruppo. Ogni gruppo, tenuto conto dei criteri fermi che l'insegnante aveva	Computer Bloc notes per appunti	Si prosegue come nella FASE 3. Si inizia una prima revisione del testo. Ci si confronta per iniziare anche a riflettere su come si potrà trasformare la	n. 3 ore	Organizzazione del gruppo Condivisione delle scelte Articolazione adeguata delle parti da riportare in fumetto. Originalità di impostazione ed organizzazione della

... ad essere anche FUMETTI	assegnato (ad es. non inserire più di 4 personaggi nella storia), inizia ad ipotizzare come trasformare la storia in fumetto.		storia narrata in fumetto. Prima bozza di distribuzione sequenza per il fumetto.		proposta.
FASE 5 **Traduciamo le nostre "Storie a più mani" in FUMETTI**	Ogni gruppo, dopo la stesura definitiva della propria storia nel blog e dopo la condivisione della stessa con il resto della classe, decide come creare il proprio fumetto.	Raccolta delle varie proposte, idee, suggerimenti, creatività in un cartellone 80 x 100. Suddivisione degli incarichi all'interno dell'organizzazione di ogni gruppo (chi disegna, chi colora, chi scrive, chi controlla/corregge...)	Cartellone finale con la realizzazione della storia a fumetti Inserimento di alcuni fumetti che dovranno poi servire per l'attività di passaggio al discorso diretto	n. 3 ore	Partecipazione significativa alle attività Organizzazione del gruppo Produzione dell'elaborato finale Rispetto dei tempi assegnati
FASE 6 **Le nostre "Storie a più mani", diventate anche fumetti, ora vengono... messe in scena!!**	Ogni gruppo decide come "portare a teatro" la propria storia.	Revisione ultima del proprio lavoro a fumetti. Scelta delle parti da assegnare ad ognuno Prova individuale della messa in scena della storia	Confronto ed organizzazione all'interno dei vari gruppi Produzione del cartellone con la storia a fumetti Distribuzione delle varie sequenze rappresentate e dell'impiego dei vari personaggi disegnati Uso della telecamera per la ripresa finale delle varie storie	n. 3ore	Adeguata realizzazione del cartellone con la storia a fumetti, con l'impiego di tecniche curate ed originalità di esecuzione Corretta distribuzione delle varie sequenze rappresentate, coerenti con la storia da presentare Rispetto dei tempi di consegna Durante la rappresentazione teatrale, originalità e creatività nel creare l'ambiente adatto a far comprendere il messaggio da inviare a chi osserva
FASE 7 **...ed ora valutiamoci!!**	In classe l'ins. presenta la videoregistrazione della fase conclusiva del lavoro: la rappresentazione teatrale delle "Storie a più mani"	Videoregistratore	Osservazione comune delle varie storie Raccolta delle osservazioni inerenti l'andamento dello spettacolo	n. 1 ora	Attenzione ed osservazione delle riprese Analisi coerente delle varie criticità emerse Valutazione collettiva della performance di ogni grup

54

ALLEGATO 2

Concorso Rita Bonfiglioli- "Storie di scuola...scuola di storie"

http://www.storiediscuola.it/Vincitori%20edizione%202008.asp

"VOLTI E PERSONE IN UNA GIORNATA APPARENTEMENTE COME LE ALTRE...."

"Maestva, dopo devo divti alcune cose sottovoce..." .

T. esordisce così, appena entrato in classe, aggiungendo, a questa sua esternazione quasi segreta, un tono simil-misterioso che qualche compagno, dall'udito fine, fa suo: M. è uno di questi.

Non accolgo al momento la richiesta, contrattando però con T. la possibilità di trovare un tempo maggiormente adatto per discutere, a quattr'occhi, del suo problema.

Sì, perché di questo sembra si tratti, visto il tono grave con cui mi ha sussurrato quella frase!

T. sembra approvare l'offerta, considerandola realmente adeguata visto che siamo appena entrati in classe e, siglando il tutto con la sua inconfondibile erre moscia, esclama con un timbro ora ben più deciso e fermo: " OK, maestva, mi pvendo l'appunto nel mio post-it, non pveoccupavti!!".

M., suo compagno di gruppo, resta suo malgrado coinvolto nella nostra conversazione e, considerandola sempre più colma di mistero, continua a seguire la cosa con aria furtiva.

Il clima in classe è quello di ogni inizio mattinata: sorrisi, fervore, piccole conversazioni tra amici, a piccoli gruppi.

Mi diverto sempre ad osservare il particolare modo di rapportarsi che hanno tra pari, la scelta delle loro amicizie, lo stile impiegato nell'applicare un codice di raffronto con un coetaneo rispetto ad un altro.

Dedicare qualche minuto di osservazione a quello che noi in classe amiamo chiamare "momento del tempo libero", visto sia come prima accoglienza del mattino ma anche come piccolo meritato riposo nell'arco di una lunga giornata di scuola, ti permette molto spesso di ricevere visioni e di usufruire di angolazioni di osservazione alternative utili per delineare con maggiore obiettività il percorso di crescita dei nostri alunni.

Molto spesso, infatti, è proprio ascoltando le loro idee innovative, le loro proposte di soluzioni a problemi di vario genere (ad esempio, come costruire un aereo con la carta, come ideare un piccolo robot con l'uso di scatole di diversa misura, come realizzare un poligono con una corda) che si percepiscono capacità di riflessione "altre", che a volte ti lasciano sbalordita.

Anche quella mattina, perciò, decido di rubare qui e là alcuni dialoghi che, da soli, potrebbero essere lo spunto per un mondo di lavori stimolanti: *"Ieri la mamma mi ha comprato quattro bustine di figurine: tu hai portato le tue? Vuoi che facciamo scambio?"....* *"...Che bello! Lo sai che oggi è il mio compleanno?Dopo vi do le caramelle"...."... "Guarda: ho portato le istruzioni del Lego nuovo che mi ha regalato lo zio: dopo, in ricreazione le guardiamo insieme?..."*

"Uffa, la mamma mi aveva detto che metteva la merenda nello zaino invece non c'è...!".

Il mio lavoro è ben delineato ed oggi, in programma, ci sono molte attività che dovrebbero andare a completamento di proposte avviate nei giorni precedenti ma decido che in questa, che si prospetta una giornata speciale, riorienterò il percorso dello stare insieme lasciando la libertà ai bambini di narrare ciò che sentono, ciò che stanno vivendo *"di pancia"* in quel momento, riservandomi poi di incanalare il tutto all'interno del normale curricolo scolastico.

Lavoreremo, perciò, per sviluppare la capacità di ascoltare, di esprimere pensieri, di raccontare esperienze, di confrontarsi, di accogliere le idee di tutti, di dare consigli, di valorizzare i desideri e le riflessioni degli altri. Costruiremo un tabellone con le nostre opinioni espresse secondo un brainstorming, sì,...come fanno i grandi (!); le scriveremo su dei post-it; le leggeremo; le raggrupperemo per tipologie; le spiegheremo ai compagni. Costruiremo un grafico che le rappresenti visivamente secondo un criterio condiviso; le conteremo per categorie....

Magnifico!

Amo molto il mio voler essere una maestra che ... esce dagli schemi: non sono stata formata in questo, ma negli anni mi hanno condotta a questa capacità i moltissimi bambini che ho incontrato e che, molto spesso, sono stati aiutati a trovare un loro posto nel mondo proprio grazie al fatto che erano riusciti a riconoscere e ad esprimere un loro problema cercandone soluzione insieme agli altri.

Qualcuno lo potrebbe considerare un modo poco proficuo perché poco visibile nei quaderni tradizionali dei bambini. Contrariamente a questo, io lo giudico un modo per ascoltare la voce di ogni bambino, ...ed è proprio di questo che si tratta!

E nel ripercorrere i tanti volti che ho avuto modo di trovarmi di fronte, ricordo con grande affetto in particolare A., bambino difficile perché inserito in una situazione familiare complessa; aggressivo, perché troppo bloccato da una madre giovane ed esageratamente impreparata; non accettato dai compagni, perché considerato "scomodo" data la sua irruenza.

A. faticava: faticava a sorridere, a stare seduto, a lavorare come gli altri, ma soprattutto si sentiva schiavo di tutto un mondo che sembrava volergli solo dare degli "ordini".

Tutto era sempre prestabilito, per lui, e grande responsabilità gli veniva richiesta da una famiglia formata da genitori separati che buttavano il loro fango sulle spalle di questo bambino.

Finchè un bel giorno, saturo evidentemente di tutto un sistema che lo attanagliava, in una normale giornata in cui, come sempre, si trovava il modo di lavorare in cerchio, seduti per terra, in una situazione di apertura e di rilassamento, A., nel confrontarsi con i compagni sull'argomento di discussione del giorno (come vivere al meglio la scuola), al solo sentire la parola REGOLE, ha iniziato a cambiare espressione.

Inizialmente si è controllato ma poi, con impeto dettato dal desiderio finalmente di far uscire dalla sua testa quelle parole, ha alzato la mano e, con fare perentorio, ha gridato: "IO NON SOPPORTO LE REGOLE!!

Al suo dire, si è subito creato un silenzio di gelo, come a voler presagire per tutti,... in particolare per lui, che le cose che potevano succedere ora non erano poi molte se non che la maestra si sarebbe di sicuro arrabbiata.

L' espressione di A. la diceva davvero lunga: lo sguardo basso, con la coda dell'occhio che osservava prima le reazioni dei compagni e poi quella della maestra, la testa piegata da un lato, le mani che si strofinavano nervosamente l'una contro l'altra, il tronco che si dondolava avanti e indietro. I segnali di un malessere c'erano tutti e credo che il suo cuore, in quel momento, andasse all'impazzata.

Nel vedere la maestra alzarsi e avvicinarsi a lui, A. abbozzò un allontanamento con il corpo, quasi ad attendersi il peggio, ma quando vide che la maestra allungava la mano per stringergli la sua, rimase quasi stordito. "Bravo, A., ti stringo la mano perché sei riuscito ad esprimere il tuo pensiero senza sentirti condizionare dagli altri. Non è una cosa facile, ci vuole coraggio. Ti do solo un consiglio: la prossima volta non farlo con questo tono,... non serve: dì ciò che pensi controllando un po' di più la tua voce".

A., al sentire le mie parole, iniziò visivamente a rilassare la muscolatura corporea come se parte della tensione interna lo stesse abbandonando e cambiò espressione.

Sapevo che la strada da percorrere con lui era assolutamente in salita, ma ricordo che questo momento è stato sicuramente ciò che poi ha permesso che le nostre fatiche e i nostri sforzi raggiungessero degli obiettivi alti, che alla fine della Primaria si sono visti.

Che dire: ...T. ora, A. qualche tempo fa....quanti volti, quanti segreti!

Ma torniamo alla giornata odierna.

T. sembra tranquillo: lavora e si confronta con gli amici senza manifestare situazioni tali da far presagire chissà quale difficoltà.

M., intanto, sempre molto attento, si avvicina chiedendomi una cosa che poi si rivelerà nient'altro che una scusa per potersi aggiornare da vicino sullo sviluppo dei fatti.

Colgo questa sua curiosità, perciò coinvolgo T. invitandolo a prendere atto che quella che doveva essere una confidenza nei miei confronti era stata invece catturata anche da qualche compagno.

T. non sembra meravigliarsi molto della cosa, soprattutto essendo informato che chi aveva "rubato" il suo messaggio era proprio M. Anzi....sorprendentemente ne sembra quasi compiaciuto!

Non capisco, allora, quale sia il vero scopo della confidenza e subito mi ricavo, vista la situazione, un po' di tempo per cercare di andare a fondo della cosa. Ora, perciò, siamo in tre: T., M. ed io e decidiamo di sederci vicini per dirci le cose sottovoce.

Agli altri la situazione sembra del tutto normale: capita che ci sia bisogno qualche volta di risolvere, in segreto, cose delicate.

T. prende parola: " Sai maestva, volevo solo divti che ievi M. non si è compovtato molto bene con me...." M. strabuzza gli occhi e, con la balbuzie che, in momenti di tensione, manifesta, interviene:" Ma, ...ma...io volevo solo....". T. nota tutto questo ed aggiunge:" Sì, ievi non è stato tanto gentile con me, ma poi, da solo, si è accovto che non doveva fave così, quindi...". A questo punto M., accortosi che la cosa stava prendendo una piega leggermente a suo favore, spiega l'accaduto in modo frettoloso ma efficace: " I...I...Io non volevo dargli una spinta, ma...ma... ma qualcuno mi ha detto che dovevo farlo perché si muovesse e ...e ...dopo è caduto!".

T. sembra soddisfatto, tanto che aggiunge, dall'alto della sua saggezza:" Sì, maestva, volevo pvopvio divtelo, ma volevo anche che sapessi che poi M., da solo, si è scusato! Pevciò volevo infovmavti che eva stato bvavo!".

M., al sentire questa frase, ci regalò uno dei suoi sorrisi più convincenti e, in quel momento, mi resi conto che le parole da parte mia non avrebbero potuto avere l' effetto positivo che invece era derivato dalla comprensione da parte del compagno offeso.

Mi limito, perciò, solo a chiedere:"Ora mi sembrate tutti e due più contenti: per voi era importante chiarire questa cosa?".

Ovviamente la risposta è affermativa per entrambi ed allora, a quel punto, aggiungo: "T., vuoi condividere questa cosa anche con la classe o ti basta averne parlato così?". T. sembra soddisfatto, quindi la questione viene chiusa così.

Ognuno dei due torna al proprio banco: rispetto a prima, noto un atteggiamento di M. decisamente più rilassato mentre T. mi sorride da lontano come per compiacersi dei minuti che gli sono stati concessi.

Riascolto dentro di me le parole magiche adoperate per siglare questo momento: ascoltare, valorizzare, osservare i bisogni, cogliere i messaggi.

L., nel frattempo, mi ricorda, prima della fine della giornata, che è giovedì e che è anche quindi il giorno dedicato all' apertura della cassetta della posta.

Colgo che forse, tra le righe, vuole dirmi qualche altra cosa ed infatti, quando si apre la cassetta e si sfoglia la posta che contiene, trovo un messaggio "PRIVATO PER LA MAESTRA" proprio da parte di L..

Come vuole la prassi, metto subito al sicuro il biglietto e chiedo a L. se vuole che lo legga oggi o se ne possiamo parlare la mattina seguente. Ricevo il permesso di posticipare al giorno dopo la discussione con lui.

Una volta a casa leggo il messaggio:" *Cara maestra, sai ce leggo tanto? Sto diventando piu bravo perche lego tutto un libro…*".

Quasi mi commuovo: L. sta dando tutto se stesso per imparare a leggere e a scrivere bene, ma fa molta fatica.

Questo messaggio, però, la dice lunga sui suoi obiettivi quindi, felice di aver smosso dentro di lui proprio questa voglia di mettersi alla prova, vado con la mente ad organizzare la mia giornata per la mattina seguente.

Le mie discipline saranno tutte affrontate, le mie attività legate al curricolo saranno soddisfatte ma, prima di tutto, il faro che manterrò costantemente acceso sarà il benessere di ogni bambino, tenendomi sempre pronta al fatto che ci possa essere qualche cosa di nuovo da valorizzare.

Ma domani sarà il turno di L.: mi segno subito nel mio prontuario il primo punto da mettere nel nostro o.d.g. di domani:

    - parlare con L. della sua grande conquista.

Che gioia: adoro il mio lavoro!!

MAGICI HAIKU'

Lo **haiku** (俳句? [häikɯ]) è un componimento poetico nato in Giappone nel XVII secolo. Generalmente è composto da tre versi per complessive diciassette more (e non sillabe, come comunemente creduto), secondo lo schema 5/7/5.

Inizialmente indicato con il termine *hokku* (発句? lett. "strofa d'esordio"), deve il suo nome attuale allo scrittore giapponese Masaoka Shiki (1867-1902), il quale coniò il termine verso la fine del XIX secolo, quale forma contratta dell'espressione *haikai no ku* 俳諧の句 (letteralmente, "verso di un poema a carattere scherzoso").

Il genere haiku, nonostante già noto e diffuso in Giappone, conobbe un fondamentale sviluppo tematico e formale nel periodo Edo, quando numerosi poeti tra cui Matsuo Bashō, Kobayashi Issa, Yosa Buson e, successivamente, lo stesso Masaoka Shiki utilizzarono prevalentemente questo genere letterario per descrivere la natura e gli accadimenti umani direttamente collegati ad essa.

(da Wikipedia, l'enciclopedia libera).

CHE BELL' INVERNO!

Rami ghiacciati
i tetti innevati:
che bell'inverno!

(Filippo – Giovanni)

ARRIVA IL NATALE

Fuori nevica,
la famiglia sorride:
l'albero è pronto!

(Giacomo - Tommaso B.)

IL MARE

Sono al mare,
c'è l'acqua che rinfresca.
Sono felice!

(Federico - Ivan)

I DELFINI

Il mare calmo,
perfetto per il bagno
con i delfini.

(Andrea - Tommaso F.)

E per divertirsi,
perchè non provare a scrivere qualche Haikù?

....

....

....

....

....

....

....

....

....

E' ESTATE

Fa molto caldo
e siamo in piscina:
arriva l'estate.

(Desirè – Leonardo)

AUTUNNO

C'è aria fredda
cadono molte foglie:
è già autunno.

(Sonia – Matilde)

IL SOLE

Sorge il sole
la luna scompare:
mi sento nuovo.

(Diego – Matteo)

E per divertirsi,
perchè non provare a scrivere qualche Haikù?

....

....

....

....

....

....

....

....

....

UN BEL NATALE

Che bel Natale
con i fiocchi di neve
e i regali!

(Greta – Angelica)

CIELO STELLATO

Ecco le stelle,
in un cielo di notte:
fiocchi di neve.

(Elena – Tommaso D.)

BABBO NATALE

Babbo Natale
con il suo gran pancione
porta regali.

(Eltion - Elia)

BIBLIOGRAFIA E SITOGRAFIA

Bateson G.(1966),"*Questo è un gioco*" , (1956) Cortina, Milano

Bianca La Notte, *"L'albero degli haikù"*, Ed. Ler (2005)

Biscaro F., Maglioni M. *"La classe capovolta"* , Erickson, 2014

Boscolo P. (1997) *"Psicologia dell'apprendimento scolastico: Aspetti cognitivi e motivazionali"*, Utet, Torino, pp. 129, 130

Carrettin P. *"Storie di scuola...scuola di storie"*
http://www.storiediscuola.it/Vincitori%20edizione%202008.asp, 2013

Carrettin P. *"A scuola con un click...e noi ci raccontiamo così"*,
https://prezi.com/zlnb99iw14rc/a-scuola-con-un-clicke-noi-ci-raccontiamo-cosi/,, 2014

Costa M. (2002) *"Le comunità di pratica come leva della formazione"*. In Univirtual
http://www.univirtual.it/ssis/quaderni/ssis03.pdf

Da Re F. "La didattica per competenze"
http://www.pearson.it/ladidatticapercompetenze

Demetrio D. *"Educatori di professione. Pedagogia e didattiche del cambiamento nei servizi extra-scolastici"*

De Rossi M. (2006) *"Mettersi in gioco e giocare a scuola"*. Lecce: La Biblioteca Pensa Multimedia

Dewey J. (1954) *"Il mio credo pedagogico"* – La Nuova Italia - Firenze

Felisatti E. (2006) *"Cooperare in team e in classe"*. Lecce: La Biblioteca Pensa Multimedia

Floris F.(1996) *"L'animazione a scuola. Accoglienza, apprendimento, comunicazione"*, Torino, Ed. Gruppo Abele

Freire P. (1971) *"La pedagogia degli oppressi"*, Milano, Mondadori

Gardner, H. (1997) *"Intelligenze multiple e nuove tecnologie"*. In MediaMente
http://www.mediamente.rai.it/home/bibliote/intervis/g/gardner.htm

Garvey C.(1979) *"Il gioco"*, Armando, Roma

Giannandrea L. *"Tempo, spazio e costruzione dell'identità nelle comunità di pratica"* – Università di Macerata

Gillet J. C. (2004) *"L'Animation"*, Paris, L'Harmattan, (trad. personale)

Gillet J.C. *"Il senso e l'agire sociale dell'animazione"* , pp. 42 – 43

Goguelin P. (1991) *"La formazione /animazione"*. Strategie, tecniche e modelli. ISEDI
Goleman D. (1995) *"Intelligenza emotiva"* (Emotional Intelligence) BUR Biblioteca, Univ. Rizzoli.

Granieri G. (2005). *"Blog generation"*. Roma- Bari: Laterza

Grion V. *"Insegnanti e formazione: realtà e prospettive".* Carocci, 2008

Huizinga J. (1946) *"Homo ludens"* , Einaudi, Torino

Krashen S. Terrel T.D (1983).-*"The Natural Approach. Language Acquisition in the classroom"* - Alemany Press, Hayward

Johnson D, Johnson R. e Holubec E. *"Cooperation and competition: Theory and research"*, Edina, MN, InteractionBook Company, 1989, pag. 28-29

Comoglio M., Cardoso M.A. *Insegnare e apprendere in gruppo . Il cooperative learning*, las, Roma, 1996, pag,30

Le Mani *"Le ortiche di Capracotta"*, Ed. Ler , 2005

Lewin K. (1972) *"I conflitti sociali. Saggi di dinamica di gruppo"* – F. Angeli, Milano 1972

Morin E. *"La testa ben fatta – riforma dell'insegnamento e riforma del pensiero"* Raffaello Cortina Editore, 2000

Piaget J. (1972)*" Il giudizio morale nel fanciullo"* (1969), Giunti, Barbera, Firenze

Pollo M. (2002) *"Animazione culturale. Teoria e metodo"*, Roma, Las

Pollo M. *"Il percorso ovvero il metodo dell'animazione"*, p. 54

Pranzetti R. (2005) *Il blog va a scuola.* In Comeweb
http://www.comeweb.it/edublog_c.pdf

Puricelli E. *"Le unità di apprendimento e gli obiettivi formativi"* , Scuola e Didattica, 15 ottobre 2003

Quaglino G. P. Cortese C.G. , *"Gioco di squadra"* , Raffaello Cortina Editore, 2003

Scataglini C. "Magigum e il volo delle emozioni", Ed. Erickson, 2005

Spadaro A. () *Il fenomeno "blog".* In La Civiltà Cattolica
http://www.laciviltacattolica.it/quaderni/2005/3711/articolo%20spadaro.html

Vygotskij L.S. *"Il ruolo del gioco nello sviluppo mentale del bambino"*, in BRUNER, JOLLY, SYLVA, Il gioco Armando editore, Roma, 1981

www.ingramcontent.com/pod-product-compliance
Lightning Source LLC
Chambersburg PA
CBHW081202280526
45791CB00006B/2163